职业教育通识课程系列教材

学生安全教育

何增虎 王 健 吴 培 主编
张 渺 主审

中国建筑工业出版社

图书在版编目（CIP）数据

学生安全教育/何增虎，王健，吴培主编．--北京：
中国建筑工业出版社，2024.9.（2025.2重印）--（职业教育通识课程
系列教材）. -- ISBN 978-7-112-29997-3

Ⅰ. G641

中国国家版本馆 CIP 数据核字第 2024LK9376 号

本书主要阐释中职学生有可能面临的不法侵害、交通安全、溺水事故、火灾、诈骗、食物中毒、网络暴力等日常生活安全及突发性公共安全事件等方面的常识性知识和应对方法，力求全面翔实、通俗易懂、易学易会，希望学生通过学习这些防护常识，掌握遇到安全问题时的处理方法，增强中职学生的自我保护意识及自我保护能力。

本书可以作为在校的中职学生安全教育的教材，也可供同龄的学生、青年阅读，还可作为中等职业学校教育工作者的教学参考资料。

为了便于本课程教学，作者自制免费课件资源，索取方式为：1. 邮箱：jckj@cabp.com.cn；2. 电话：（010）58337285；3.QQ 服务群：796494830。

责任编辑：司　汉
责任校对：姜小莲

职业教育通识课程系列教材
学生安全教育

何增虎　王　健　吴　培　主编
张　渺　主审

*

中国建筑工业出版社出版、发行（北京海淀三里河路9号）
各地新华书店、建筑书店经销
北京光大印艺文化发展有限公司制版
建工社（河北）印刷有限公司印刷

*

开本：787毫米×1092毫米　1/16　印张：9　字数：144千字
2024年9月第一版　2025年2月第二次印刷
定价：32.00元（赠教师课件）
ISBN 978-7-112-29997-3
（43040）

版权所有　翻印必究
如有内容及印装质量问题，请与本社读者服务中心联系
电话：（010）58337283　　QQ：2885381756
（地址：北京海淀三里河路9号中国建筑工业出版社604室　邮政编码：100037）

教材编审委员会

主　编：何增虎　王　健　吴　培

主　审：张　渺

副主编：张　岩　杜建新　刘丽娜　肖博文

参　编：边禹铭　李玉山　闫　飞　左晶晶
　　　　郭　枫　郑艳霞　段永福　崔欣英
　　　　冯　曼　党云龙　赵伟森　耿雪菲

前 言

青年是祖国的未来、民族的希望。青年学生步入中职学校后,身、心、智、能各个方面都进入了迅速成长和发展阶段,但由于他们尚未进入社会,安全意识相对薄弱,自我防范知识欠缺,以致在遭遇安全问题时不知所措,个人、群体的人身安全易受到侵害,会造成难以挽回的损失。学生的安全问题是政府关注、学校关心、师生关切的大事。家庭、学校要采取多种形式的教育举措,进一步推进学生的安全教育工作,不断增强学生的安全防范意识和避险自救能力,为学生的成长、成才提供保障。

本教材主要阐释中职学生有可能面临的不法侵害、交通安全、溺水事故、火灾、诈骗、食物中毒、网络暴力等日常生活安全及突发性公共安全事件等方面的常识性知识和应对方法,力求全面翔实、通俗易懂、易学易会,希望通过这些防护常识的学习,掌握遇到安全问题时的处理方法,增强中职学生的自我保护意识及自我保护能力。

通过本教材的学习,使学生了解生命的意义、价值和社会责任,爱惜生命是国民意识和公民道德的基本要求,促进身心健康,预防和治疗心理疾病,规避生命安全受到不法侵害和意外伤害,有针对性地提高生命质量和保障自身安全的技能,同时提高自身素质。

本教材由河北城乡建设学校何增虎、王健、吴培主编并统稿;河北城乡建设学校张岩、肖博文,雄县北沙中学杜建新,石家庄铁路职业技术学院刘丽娜为副主编;河北城乡建设学校边禹铭、李玉山、闫飞、左晶晶、郭枫、郑艳霞、段永福、崔欣英、冯曼、党云龙、赵伟森参与编写;大技狮(北京)科技有限公司的耿雪菲参与编写并提供部分图片素材。本教材由河北经济管理学校张渺主审。

本教材在编写过程中,由多位在教学和学生管理一线的领导及经验丰富的教师参与了编审工作,感谢杭州水母智能科技有限公司旗下的触手AI平台生成并提供部分插画内容。在此,向他们表示诚挚的感谢!

由于编者能力水平有限,书中难免存在不足之处,敬请大家谅解并给予指正。在此,向所有编者表示深深的谢意。

目 录

◆ **项目 1　不法侵害**

　　任务 1.1　防范措施　　// 2
　　任务 1.2　正当防卫　　// 8
　　任务 1.3　案例分析　　// 13

◆ **项目 2　交通安全**

　　任务 2.1　认识交通安全　　// 16
　　任务 2.2　交通事故的预防与处置　　// 18
　　任务 2.3　案例分析　　// 28

◆ **项目 3　溺水事故**

　　任务 3.1　防范措施　　// 32
　　任务 3.2　案例分析　　// 36

◆ **项目 4　火灾事故**

　　任务 4.1　防范措施　　// 39
　　任务 4.2　常见消防设施及使用方法　　// 41
　　任务 4.3　火场逃生自救的基本方法　　// 50
　　任务 4.4　逃生误区　　// 58
　　任务 4.5　案例分析　　// 61

◆ 项目 5　网络诈骗及传销

任务 5.1　网络诈骗　// 65

任务 5.2　传销　// 71

任务 5.3　防范措施　// 73

任务 5.4　案例分析　// 75

◆ 项目 6　网络信息安全

任务 6.1　网络游戏　// 77

任务 6.2　网络淫秽　// 79

任务 6.3　文明上网　// 81

任务 6.4　案例分析　// 84

◆ 项目 7　食物中毒、传染性疾病及猝死

任务 7.1　食物中毒　// 87

任务 7.2　传染性疾病　// 90

任务 7.3　猝死　// 99

任务 7.4　案例分析　// 104

◆ 项目 8　实训实习安全

任务 8.1　实训安全　// 107

任务 8.2　顶岗实习安全　// 109

任务 8.3　就业创业安全　// 112

任务 8.4　案例分析　// 117

◆ 项目 9　心理健康

任务 9.1　中职学生的心理特点　// 121

任务 9.2　建立正确的人际交往观　// 125

任务 9.3　挫折教育　// 129

任务 9.4　案例分析　// 132

◆ 参考文献

项目 1 不法侵害

中职学生处于未成年与青年之间,这个时期是人格发展与完善的关键时期,同时也是遭受不法侵害的多发时期。他们在学习、生活及所从事的有目的的活动中,难免因为其本人或周边因素的原因,表现出不安全的迹象,从而对他们的学习、生活乃至生命带来极大的影响。

 什么是不法侵害?

简单来说,不法侵害是指一些侵犯人身、财产安全,破坏社会秩序的违法行为。该行为具有攻击性、破坏性、紧迫性。

不法侵害,从字面意义上来说,涉及《民法》、《行政法》、《治安管理处罚法》、《刑法》等法律关系,分为违法行为与犯罪行为,主要包括不法性和侵害性两方面的特征。

不法侵害即因犯罪行为或其他违法行为侵犯法益的行为。作为正当防卫的条件,不法侵害不应只限定在犯罪行为,因为其他违法行为也可能造成法益的损害。所以《中华人民共和国刑法》使用"不法"一词,表明对其他违法行为也可以进行正当防卫。但是,并非对任何违法行为都可以进行防卫,应将其范围限定在该行为具有攻击性、破坏性、紧迫性之间。

项目 1 不法侵害

拓展阅读

《中华人民共和国刑法》（以下简称《刑法》）

第十七条前三款规定："已满十六周岁的人犯罪，应当负刑事责任。

已满十四周岁不满十六周岁的人，犯故意杀人、故意伤害致人重伤或者死亡、强奸、抢劫、贩卖毒品、放火、爆炸、投放危险物质罪的，应当负刑事责任。

已满十二周岁不满十四周岁的人，犯故意杀人、故意伤害罪，致人死亡或者以特别残忍手段致人重伤造成严重残疾，情节恶劣，经最高人民检察院核准追诉的，应当负刑事责任。"

中华人民共和国刑法

任务 1.1　防范措施

近年来，随着国家对职业教育的重视，各类中职学校得以迅猛发展，但根据有关数据统计显示，中等职业学校学生正成为在校未成年人犯罪多发的群体。有学者统计，中职学校学生遭遇不法侵害事件的比例比较高，其比例要远远高于其他类型学校，情况也更为复杂和严重。中职学校青少年犯罪预防问题亟须引起高度重视。

通过调研发现，目前中职学生犯罪形势不容乐观。仅有少数的中职学生对身边青少年犯罪形势作出正面评价，部分学生认为身边的学生犯罪人数呈现增长趋势。中职学生的主要违法犯罪行为是侵害人身安全的打架斗殴、寻衅滋事及侵犯财产安全的盗窃、抢劫等行为，如图 1-1 所示。

图 1-1　酒后易受到不法侵害

> **当你遭受不法侵害时应当如何保护自己？**

1. 如果遇到校园暴力，一定要保持镇静，不要惊慌。采取迂回战术，尽可能拖延时间，有勇有谋地保护自己，争取求救机会。

2. 必要时，向路人呼救求助，采用异常动作引起周围人注意。

3. 人身安全永远是第一位的，不要去激怒对方。

4. 当自己和对方的力量悬殊时，要有保护自己的能力，可以通过理智和有策略的谈话，或借助环境来使自己摆脱困境。

拓展阅读

《刑法》第二百三十四条规定了故意伤害罪的相关处罚，具体内容如下："故意伤害他人身体的，处三年以下有期徒刑、拘役或者管制。犯前款罪，致人重伤的，处三年以上十年以下有期徒刑；致人死亡或者以特别残忍手段致人重伤造成严重残疾的，处十年以上有期徒刑、无期徒刑或者死刑。本法另有规定的，依照规定。"

1.1.1 打架斗殴

案例警示：

2022年的一天，某职业院校二年级的学生李某和本班同学王某在体育课上因一些小事发生口角，两人均不服气。晚自习时，李某纠集六人，再次找王某理论，言语冲突后，发生了打架事件，造成三人受伤。

案例分析：

两名学生之间的小矛盾，最终演变成一起聚众斗殴的刑事案件，严重影响了学校正常的教学秩序，特别是他们在晚自习期间斗殴，打斗的场面引起围观学生的恐慌，影响恶劣。

打架斗殴通常定义为双方或多方通过实施暴力击打以达到制服对方的非法行为。这种行为不仅可能造成当事人受到物理伤害，而且属于违法行为，可能会受到治安管理处罚。如果打架斗殴涉及更严重的伤害或其他违法犯罪行为，如故意伤害等，则可能构成刑事犯罪，从而面临更为严厉的法律制裁。根据《中华人民共和国治安管理处罚法》（以下简称《治安管理处罚法》）的相关规定，打架斗殴的行为可能会导致当事人被处以拘留和罚款的行政处罚。

中华人民共和国治安管理处罚法

打架斗殴的特点在于其具有暴力倾向（图1-2），目的是对他人产生身体上的伤害。这种行为通常是处于对立或冲突状态下的激烈对抗，可能导致社会关系的破坏和社会秩序的混乱。

图1-2 打架斗殴的特点在于其具有暴力倾向

学生在校园内发生打架斗殴事件的原因是多方面、多元化的。可总结为以下几种：

1. 中学生处于青春期，容易争强斗胜，常常因一点小事发生口角，从而引发打架斗殴事件。打架斗殴事件发生的时间往往出现在晚自习下课后。对于学生而言，学习压力大且得不到释放，或者在释放压力的同时往往没有掌握正确的方式方法，容易激起他人的反感和厌恶，再加上青春期争强斗胜的心理特征，非常容易与对方产生矛盾。

2. 家庭教育失控。例如，有的家长长年外出打工，孩子缺乏家庭温暖和心理疏导；有的孩子从小娇生惯养，叛逆心理严重；有的家长素质低劣，向孩子灌输暴力思想；有的家长疏于管理，放任孩子与不良少年交往，养成不良习气。

3.个人行为霸道。我们可以看到这样的现象：有的同学看见某同学老实，便动手欺负一下，结果被欺负的同学因胆怯不敢反抗，默默承受。久而久之，这种行为和现象因没有得到及时地纠正而愈演愈烈，后果很可能是欺负这位同学的人渐渐增多，例如指使其买东西、命令其为自己做一些小事等。长此以往，欺负别人以及被人欺负的同学心理逐渐膨胀、扭曲，矛盾也由此产生。

4.不良嗜好引起的打架斗殴。受社会不良习气的影响，中学生容易出现模仿电视、电影中抽烟、喝酒的行为。此时如果家长和学校管理不严，防范不力，部分学生就会上瘾。而有的学生为了达到吞云吐雾、醉生梦死的目的，不惜铤而走险、以身试险。

5.语言行为粗鄙。有的学生不注意自己的言行，语言污秽，行为粗鲁，从而引起冲突。

6.讲"哥们儿""姐们儿"义气。从群体性事件看，所有参与者都是打架斗殴的受害者，有的学生缺乏明辨是非的能力，因为一句话或是一瓶水，便听从别人使唤，成为别人利用的工具。

可以通过以下几方面来防止和减少学生的打架斗殴事件：

1.加强对学生的安全知识和法律知识教育，帮助学生树立正确的人生观和价值观。具体做法可以是：利用每天的早读对学生进行感恩教育；利用每周的电影课对学生进行打架斗殴危害的教育；利用每周的主题日班会对学生进行法律知识教育等。

2.加强德育工作。加大班主任培训力度，充分调动班主任的积极性和主动性，以学校为后盾、班主任为主导，对学生进行德育教育工作。

3.加强课堂监管。特别是在体育课及课外活动课上，尤其要注意学生之间是否有争执发生，任课教师应及时处理，并报给班主任等，避免事态扩大化。

4.加强家校联合。了解每个学生的个性及素养。

5.利用学校的资源积极组织各种类型、各种形式的活动，增强学生的凝聚力和向心力，让每个学生都有事可做，都能感到充实。

1.1.2 寻衅滋事

案例警示：

2023年3月的某天，某职业学校学生孙某和王某因上课时发生的一些小矛盾，放学后孙某纠集多人，将王某堵在校外一偏僻场所，并打了王某六个耳光。事后王某家长报警。当地公安机关接到报警后迅速出警受案调查，孙某寻衅滋事的违法行为扰乱了公共秩序，侵犯了他人的人身权利。公安机关依据《治安管理处罚法》第二十六条第（四）项、第十二条之规定，作出行政处罚决定，决定给予孙某行政拘留五日，并处罚款贰佰元，但因孙某系未成年人，依据《治安管理处罚法》第二十一条（一）项之规定，对孙某拘留不执行。

案例分析：

寻衅滋事一般是指在公共场所无事生非、起哄捣乱、无理取闹、随意辱骂、殴打、伤害无辜，肆意挑衅、横行霸道、破坏公共秩序的行为。对寻衅滋事行为视情节轻重，依法追究其相应的责任。本案中，孙某借故生非，无理取闹，随意辱骂、殴打、伤害他人，肆意挑衅、破坏社会秩序，应予以治安管理处罚。同时因其系未成年人，对其从轻处理并拘留不执行。

 到底什么是寻衅滋事罪呢？

寻衅滋事罪，是指肆意挑衅，随意殴打、骚扰他人或任意损毁、占用公私财物，或者在公共场所起哄闹事，严重破坏社会秩序的行为（图1-3）。

图1-3 寻衅滋事

拓展阅读

《刑法》第二百九十三条规定:"有下列寻衅滋事行为之一,破坏社会秩序的,处五年以下有期徒刑、拘役或者管制:

(一)随意殴打他人,情节恶劣的;

(二)追逐、拦截、辱骂、恐吓他人,情节恶劣的;

(三)强拿硬要或者任意损毁、占用公私财物,情节严重的;

(四)在公共场所起哄闹事,造成公共场所秩序严重混乱的。

纠集他人多次实施前款行为,严重破坏社会秩序的,处五年以上十年以下有期徒刑,可以并处罚金。"

 遭遇寻衅滋事应该怎么办?

1. 保持镇定,优先保护好自己。

2. 向路人呼救求助,或采用异常动作引起路人注意。

3. 人身安全永远是第一位的,可以试着通过警示性的语言击退对方,或者通过有策略的谈话和借助环境来使自己摆脱困境,但切记不要去激怒对方。

4. 事后,一定要告诉家长,不要独自承受心理和生理上的创伤。

项目 1 不法侵害

任务 1.2 正当防卫

案例分析：

案例一：某市幼儿园保育员李某（女，30岁）于某日下午带领8名幼儿外出游玩。途中幼儿王某（女，3岁）失足坠入路旁粪池，李某见状只向农民高声呼救，不肯跳入粪池救人。约20分钟后，路过此地的农民张某听到呼救后赶来，见李某身为教师却不救人，非常气愤，随手打了李某重重一棍，然后跳入粪池救人，但为时已晚，幼儿王某已被溺死，李某被打成了重伤。

请问：农民张某棒打保育员李某的行为属于正当防卫吗？答：不属于正当防卫。

案例二：某日上午，农民甲与农民乙为地界争议发生争吵，进而发展成相互厮打，后被人拉开。事后乙感到在刚才的厮打中，自己吃了亏，丢了面子，遂回家拿出一把剔骨刀要砍杀甲。甲见状赶忙逃走并躲了起来，直到傍晚才回到村中，不想乙还是持刀追了过来。眼看乙就要追上来了，甲急忙从路边的村民丙手中夺过锄头朝乙头上打去，乙当即倒地身亡。

请问：农民甲用锄头击打乙的行为是正当防卫吗？答：属于正当防卫。

 上述案例中，为什么有些行为是正当防卫，而有些不是呢？

1.2.1 正当防卫的含义

 首先我们需要了解什么是正当防卫？

正当防卫是指对正在进行不法侵害行为的人，采取的制止不法侵害的行为，对不法侵害人造成损害的，属于正当防卫，不负刑事责任。但正当防卫超出必要限度的，应当承担适当责任。《刑法》第二十条第一款规定："为了使国家、公共利益、本人或者他人的人身、财产和其他权利免受正在进行的不法侵害，而采取的制止不法侵害的行为，对不法侵害人造成损害的，属于正当防卫，不负刑事责任。"所以，要学会通过正当防卫保护自身安全（图1-4）。

图1-4 正当防卫保护自身安全

案例分析中的案例二属于正当防卫的范畴，案例一的情况则不属于正当防卫。案例一中，保育员李某对学生遇困时有救助的职责，她的行为导致严重后果，已涉嫌不作为犯罪，属于不法侵害，但不作为犯罪缺乏侵害的攻击性、紧迫性。本案中，农民张某见义勇为救小孩的精神是值得表扬的，但同时，他也要为自己棒打李某的行为承担相应的刑事责任。《刑法》第二十条第三款规定："对正在进行行凶、杀人、抢劫、强奸、绑架以及其他严重危及人身安全的暴力犯罪，采取防卫行为，造成不法侵害人伤亡的，不属于防卫过当，不负刑事责任。"实施无过当特别防卫，首先必须具备正当防卫的成立条件，同时还必须是针对正在进行的行凶、杀人、抢劫、强奸、绑架等严重暴力型犯罪，并且这些罪行还必须严重危及人身安全。否则，造成不法侵害人伤亡后果的，仍然属于防卫过当，依法负刑事责任。

1.2.2 正当防卫的构成要件

正当防卫成立需要具备的条件有五个：

1. 首先，必须有不法侵害存在，这就排除了对任何合法行为进行正当防卫的可能性，这里的不法是"违法""非法"的意思；其次，不法侵害必须是现实存在的，不法侵害须客观真实地存在，而不是行为人所臆测或推测出来的；再次，不法侵害须是人的不法侵害；最后，不法侵害不应限于犯罪行为，还应包括属于一般违法的不法侵害。对于下述行为，无论是被侵害的人或第三者，都无权进行防卫：①对依法执行公务或合法命令的行为；②公民依法扭送正在实施犯罪的、犯罪后立即被发觉的、通缉在案的、越狱在逃的或正在追捕的犯人；③正当防卫的行为；④紧急避险的行为等。

2. 不法侵害已经开始，尚未结束。首先，不法侵害必须是真实的而不能是虚假的。如果由于主观想象或推测，把虚假的不法侵害误认为真实的不法侵害而进行反击，给假想的侵害者造成伤害，就不是正当防卫，而是假想防卫。假想防卫属于行为人认识上的错误，不是故意犯罪，但可以构成过失犯罪。其次，不法侵害还必须是正在进行的。

3. 正当防卫是通过对不法侵害人造成一定损害的方法，使国家、公共利益、本人或者他人的人身、财产及其他权利免受正在进行的不法侵害的行为。正当防卫的性质决定了它只能通过对不法侵害人的人身或者财产造成一定损害的方法来实现防卫意图。正当防卫的目的在于排除和制止不法侵害行为，所以只对实施不法侵害者本人进行，不能针对第三人（包括不法侵害者的家属）进行。

4. 无论是国家利益、公共利益还是公民合法权益，当受到不法侵害时，每个公民都有权实行正当防卫。保护合法权益，表明防卫目的的正当性，是成立正当防卫的重要条件，也是刑法规定正当防卫不负刑事责任的根据。只有防卫目的具有正当性，才能保证其行为对社会的有益性和排除其行为对社会的危害性。就防卫目的的正当性的具体内容来说，一般可以分为以下三类：一是保护国家、公共利益对正在进行的不法侵害实行正当防卫；二是保护本人的人身、财产或者其他权利的自我防卫；三是保护他人的人身、财产及其他权利而对正在进行的不法侵害实行正当防卫。这种动机可能是路见不平、挺身而出、见义勇为的正义感，或者是对亲属朋友的道义责任感。

5. 原则上应当以防卫行为足以制止正在进行的不法侵害为必要的限度。但是，在判断防卫行为是否过当、是否必要的时候，还必须考虑防卫与侵害双方的性质、手段、强度、后果等因素是否基本相适应，只强调任何一个方面都是不对的。即原则上应以防卫行为是否能制止正在进行的不法侵害行为为限度，同时考虑所保护的利益的性质和可能遭受损害的程度，同给不法侵害者所造成的损害的性质和程度是否大体相适应。

正当防卫没有把握好限度，很容易变成防卫过当。但防卫过当本身不是独立的罪名，对防卫过当应根据防卫人主观上的罪过形式及客观上造成的具体危害结果来确定其罪名。从司法实践来看，防卫过当行为触犯的罪名主要有（间接）故意杀人罪、过失致人死亡罪、（间接）故意伤害罪和过失致人重伤罪。为了表明防卫过当的情况，在制作判决书时，应当注明因防卫过当而构成某种犯罪。

1.2.3 非正当防卫

正当防卫是有限度的（图1-5），一旦超过这个限度，就会被认定为非正当防卫。

图1-5 正当防卫是有限度的

1. 非正当防卫的含义

正当防卫是指为了使国家、公共利益、本人或者他人的人身、财产及其他权利免受正在进行的不法侵害，而采取的制止不法侵害的防卫行为。

既有正当防卫，那么就有非正当防卫。非正当防卫就是除正当防卫外的情形。如果非正当防卫造成了损害，则行为人应负相应的法律责任。

2. 非正当防卫的种类

非正当防卫主要有以下几种：

（1）防卫过当。它是指行为人实施正当防卫时，明显超过了正当防卫的必要限度，并造成了不应有的重大损害。

（2）防卫挑拨。它是指行为人故意挑衅对方，引诱对方对自己进行不法侵害，从而借机加害于对方。

（3）防卫侵害了第三人，也叫局外防卫。它是指防卫者对正在进行的不法侵害以外的人实施的侵害行为。

（4）假想防卫。它是指不法侵害行为根本不存在，由于行为人主观上的臆想以为不法侵害行为存在，而对对方实施侵害的一种不法侵害行为。

（5）事前防卫，也叫提前防卫。它是指行为人在不法侵害尚未发生或者还未到来的时候，预先对准备进行不法侵害的人采取了所谓的防卫行为。

（6）事后防卫。它是指在不法侵害终止后，面对不法侵害者进行的所谓防卫行为。

3. 正当防卫是有限制的

需要特别指出的是，以下10种行为不属于正当防卫：

（1）打架斗殴中，任何一方对他人实施的暴力侵害行为。两人及多人打架斗殴，一方先动手，后动手的一方实施的所谓反击他人侵害行为的行为，不属于正当防卫。

（2）对假想中的不法侵害实施的所谓"正当防卫"行为。不法侵害必须是在客观上确实存在的，而不是主观想象的或者推测的。

（3）对尚未开始不法侵害行为的行为人实施的所谓"正当防卫"行为。

（4）对自动停止或者已经实施终了的不法侵害行为的行为人实施的所谓"正当防卫"行为。

（5）不是针对正在进行的不法侵害者本人，而是无关的第三人实施的所谓"正当防卫"行为。

（6）不法侵害者已被制服，或者已经丧失继续侵害能力时实施的所谓"正当防卫"行为。

（7）防卫挑拨式的所谓"正当防卫"行为，即为了侵害对方，故意挑衅他人向自己实施不法侵害，从而借机以所谓"正当防卫"加害对方。

（8）对精神病人或者无刑事责任能力的未成年人的侵害行为实施的所谓"正当防卫"行为。

（9）对合法行为采取的所谓"正当防卫"行为。公安人员依法逮捕、拘留犯罪嫌疑人等合法行为，嫌疑人不得以任何借口实施所谓的"正当防卫"。对紧急避险行为也不能实施正当防卫。

（10）起先是正当防卫，但后来明显超过必要限度造成重大损害的行为。此种行为，法律上称为"防卫过当"，不属于正当防卫的范畴（出现《刑法》第二十条第三款规定的情况例外）。

任务1.3 案例分析

案例一：2022年1月某日，河北省某中学学生胡某（17岁）、刘某（17岁）、李某（16岁）因朋友彭某（15岁）与王某（15岁）约架，便纠集多人前往当地一广场与王某等人打架。双方见面后，胡某、彭某等人手持棍棒共同对王某实施殴打行为，并要求王某给彭某道歉，王某给彭某跪下磕头后，被对方拉起，随后刘某、胡某及彭某又再次踹向王某头部和身体。打架期间，李某使用手机拍摄打架过程，并将视频发送到网络，该视频在社交媒体上被大量传播，造成了恶劣的社会影响。接到群众报警后，公安机关迅速出警调查。经鉴定，王某伤情为轻微伤。四名嫌疑人到案后如实供述自己的罪行，并与王某互相达成谅解。经法院审理分别判处被告人胡某、刘某和彭某犯聚众斗殴罪，判处有期徒刑二年，缓刑二年；判处被告人李某犯聚众斗殴罪，判处有期徒刑一年六个月，缓刑二年。

案例分析：
本次事件因琐事引发，本可以避免，但却为了朋友"义气"，引发围殴，结果导致王某受伤，并上传殴打视频，造成恶劣影响，胡某、刘某、李某、彭某被判处刑罚。

案例二：2022年4月某天，某中学学生景某（16周岁）与张某（15周岁）在回家途中发生言语不和，张某殴打了景某。一周后，景某持刀到网吧找张某未果，随即离开。张某听说此事后立刻携带斧头驾驶摩托车追赶，景某被追上后,用刀捅伤张某,张某亦用斧头将景某面部划伤。事后经鉴定张某构成轻伤,景某构成轻微伤。因景某、张某均系未成年人,景某归案后认罪态度较好,积极赔偿张某经济损失,取得了谅解,并且张某有无故殴打、追逐景某的过错。因此法院判定景某故意伤害他人身体,致人轻伤,其行为侵犯了公民的身体健康权,构成故意伤害罪,判处有期徒刑六个月,缓刑一年。张某受到罚款等行政处罚。

中华人民共和国
预防未成年人
犯罪法

案例分析:

本案例是遭受暴力侵害的未成年人"以暴制暴"而触犯《刑法》的典型案件。景某本是受害人,但他没有采取正确的方式解决问题,由被害人沦为施暴人。张某虽因未达到刑事责任年龄而未被追究刑事责任,但公安机关也对其进行了行政处罚。

项目 2　交通安全

据统计，2013年至2022年，我国交通事故发生数量在起伏波动中上升，从19.8万攀升至25.6万，其中最高的2021年达到27.3万。其中，大部分是机动车事故，虽然占比呈逐年下降趋势，但直到2022年仍高达84%。每年的4月30日，是全国交通安全反思日，日常生活中你是否忽视过交通安全？不系安全带、酒后开车、走路看手机等每一个危险举动，都可能是悲剧的开端。交通安全，人人有责；从我做起，身体力行！

案例警示：

2023年6月某天，侯某驾驶摩托车搭载乘客刘某，行驶至当地某繁华路段时，与中心隔离护栏发生碰撞，造成摩托车及护栏受损、侯某轻伤，刘某死亡的交通事故。

事故发生后，过往路人报警并拨打了120急救。公安机关接警后立即赶到事故现场（图2-1），并立案进行调查。民警在现场对肇事驾驶人侯某做呼气式酒精测试，经测试侯某未饮酒，排除酒驾嫌疑。后经民警事故调查得知，侯某和刘某均为18周岁的学生，均无有效机动车驾驶证。

两名"追风少年"不顾及交通安全，肆意妄为，最终酿成大祸。交通安全，人人有责（图2-2）。

项目 2
交通安全

图 2-1 事故现场

图 2-2 交通安全，人人有责

任务 2.1 认识交通安全

交通安全，是指人们在道路上进行活动、玩耍时，要按照交通法规的规定，安全地在道路上进行活动，避免发生人员伤亡或财产损失。

交通信号灯是道路交通的基本语言，通过时间和空间分离来调节不同方向交通流的通行权，可以加强道路交通管理，提高道路使用效率，给交通安全提供重要的保障。

交通信号灯分为两种（图 2-3）：一种是车辆交通信号灯，用于指挥车辆的红、绿、黄三色信号灯，设置在道路交叉路口明显的地方；另一种是人行横道信号灯，用于指挥行人横过马路时的红、绿两色信号灯，设置在人行横道的两端。

图 2-3　车辆交通信号灯和人行横道信号灯

1. 车辆交通信号灯（俗称红绿灯）（图 2-4）

红灯亮时，不允许车辆、行人通行；绿灯亮时，允许车辆、行人通行，但转弯车辆须在不妨碍直行车辆和确保被放行的行人安全的情况下通行；黄灯亮时，不允许车辆、行人通行，但已经越过规定停止线的车辆和已进入人行横道的行人，在确保安全的原则下可以继续通行；右转弯的车辆和 T 形路口右边无横道的直行车辆，在不妨碍被放行的车辆和行人通行的情况下可以通行。

图 2-4　车辆交通信号灯（俗称红绿灯）

2. 人行横道信号灯

红灯亮时，不允许行人进入人行横道；绿灯亮时，允许行人通过人行横道；绿灯闪烁时，不允许行人进入人行横道，但已进入人行横道的行人，在确保安全的原则下可以继续通行。

你认识这些交通标志吗？（图 2-5）

2022 年全年我国发生了 256409 起交通事故，平均每天发生 700 余起，每小时 29 起。2022 年全年我国有 60676 人在交通事故中死亡，平均每天死亡 166 人，每小时有 6 条生命因交通事故消逝。

项目 2
交通安全

注意行人　　　　注意危险　　　　直行车道　　　　人行横道

图 2-5　你认识这些交通标志吗?

截至 2024 年 1 月,我国机动车保有量约 4.62 亿辆,全国机动车驾驶人数约 5.23 亿人,汽车已从少数人的奢侈品成为普通家庭的消费品、必需品,逐步走进千家万户,驾驶技能已从职业技能成为基本生活技能。但是,值得社会关注并亟待采取有效措施的是,有数据显示,我国青少年交通事故死亡率较高。

任务 2.2　交通事故的预防与处置

出行安全虽是老生常谈,但就是这样简单的四个字也需要我们小心注意,远离危险。特别是在校内校外都应注意,不能因在校内或只是出校一段距离就放松警惕。

1. 校园内易发生的交通事故

(1)随处可见的"低头族"(图 2-6),由于注意力不集中导致发生碰撞。现在很多学生喜欢边走路边玩手机或边听音乐等注意力不集中的行为,因而忽视了过路来往的车辆。

图 2-6　"低头族"

（2）一部分同学"活泼好动"，在道路上行走时嬉戏打闹（图2-7）、进行球类运动，从而忽视路边的交通状况。

图2-7　在道路上行走时嬉戏打闹

（3）超速行驶而摔伤也是校园内易发生的交通事故之一。许多学生骑车速度快，在转弯处没有减速，遇到危险时则来不及刹车，或者随意转弯变道，这些行为都十分容易导致交通事故的发生。

2. 校园外常见的交通事故

（1）在马路上行走时发生的交通事故。学生们在余暇空闲时外出到市区购物、观光、访友，这些地方车流量大、行人多，各种交通标志令人眼花缭乱，与校园相比交通状况更加复杂，若缺乏交通法规意识，将会增加发生交通事故的概率。

（2）在乘坐交通工具时发生的交通事故。学生们假期离校、返校、外出旅游、社会实践、寻找工作等都要乘坐各种长途或短途的交通工具。全国范围内因乘坐交通工具发生交通事故的情况屡见不鲜，有时甚至造成群体性伤亡，教训十分惨重。

2.2.1　培养规范的交通安全行为

1. 安全走路

走路人人都会，但如果我们不注意交通安全，走路也会闯祸。因此，上学读书、放学回家、节假日外出时，走在人来车往、交通繁忙的道路上，要遵守交通规则，增强自我保护意识。我们走路要走在人行道上，在没有人行道的地方，应靠道路右边行走。走路时，思想要集中，不要东张西望，不能

项目 2
交通安全

一边走一边玩耍，不能一边走路一边看书，不能三五成群并排行走，不要乱过马路，不能追赶车辆嬉戏打闹，更不要在马路上踢球、溜冰、放风筝或做游戏。一旦因此被来往车辆撞倒，后果非常严重。

汽车不是一刹就停。有的学生认为乱穿马路没有关系，反正驾驶员会及时刹车的。但实际上，汽车并不是一刹就停的。因为有惯性，所以刹车后汽车还会向前滑行一段路，就像人在奔跑中，突然停下来，还会不由自主地向前冲出几步一样。而且还有可能出现驾驶员不注意、刹车不灵等状况。所以，乱穿马路是十分危险的（图2-8），不少交通事故就是因为行人乱穿马路造成的，那些血的教训我们应该引以为戒。

图 2-8　乱穿马路是十分危险的

2. 车辆先行

在马路上，我们经常可以看到警灯闪亮、警报呼叫的车辆，这些是警车、消防车、救护车或工程车抢险车等特种车辆。特种车辆担负着特殊紧急任务。相关交通法规规定，一切车辆和行人都必须让执行任务的警车、消防车、救护车和抢险车先行。所以，我们如果在路上骑车或行走时，遇到上述这些车辆，要让他们先通过，千万不要与其争道抢行。

3. 集体外出

集体外出活动时，要在领队的带领下列好队伍，横列不宜超过两人。行进时，要靠右侧走在人行道上。要自觉遵守纪律，不随便离队，不互相追逐嬉闹，不在交通拥挤的地方集队、停留，以免影响人、车通行。过马路时，应在人行横道上通过。在没有车辆行驶时，抓紧时间通过。如果队伍长、安全通过有困难时，可请求交警帮助通过马路（图2-9）。

图 2-9　可请求交警帮助通过马路

4. 文明乘车

目前，城乡道路上通常是机动车、非机动车、行人混合交通，交通事故频繁发生。为了乘车时的安全，我们必须增强交通法治观念，要遵守乘车规定、讲究公共道德、注意交通安全、文明乘车。做到"高高兴兴上学，平平安安回家"，这是我们每个学生应尽的职责。

文明乘车，确保安全。我们在等乘公共汽车时，应在站台上有秩序地候车。要做到等车停稳后，让车上的人先下来，然后依次上车。上车后要主动买票。遇到老弱病残孕和怀抱婴儿的人应主动让座。车辆行驶时，要坐好或站稳，并抓住扶手，防止紧急刹车时摔倒。不能将身体的任何部分伸出车外，不能在车厢内大声叫嚷。下车后，要注意安全，不要从车前车后突然穿出或猛跑过马路，以免发生伤亡事故。

5. 骑自行车、电动车

自行车轻巧灵活，是外出理想的交通工具。学生学习骑自行车不仅要有大人指导和保护，还要选择在人车稀少的道路、广场或操场等地方进行，禁止在交通繁忙的地段学骑自行车。

城市道路复杂，车辆繁多，而且大部分学生缺少生活经验，应变能力差，所以《中华人民共和国道路交通安全法实施条例》第七十二条中明确规定："驾驶自行车、三轮车必须年满 12 周岁"，学生们应自觉遵守。如果到了法定的骑车年龄，也必须先认真学习有关骑自行车的规定，掌握好安全骑车的基本要领后再上道路。12 周岁以下儿童禁止骑自行车上路，未满 16 周岁禁止骑电动车上路行驶。

2.2.2 提高交通事故的防范能力

在我们的生活中，交通事故是一种非常常见的事件。每年都会有大量的人因为交通事故而受伤或残疾，甚至丧失生命。对于我们每一个人来说，如何防止交通事故的发生，保护自己和他人的安全是十分重要的。中学阶段作为青少年群体学习生涯中的重要一环，应当重视安全知识的学习和预防交通事故意识的培养。

1. 培养交通安全意识

中学阶段是学生在成长过程中逐步适应交通环境的阶段。因此，培养他们的交通安全意识尤为重要。家庭、学校和社会都应共同努力，通过以下方法来增强中职学生的交通安全意识。

（1）家庭教育：家长应该从小就教育孩子遵守交通规则，提醒他们意识到道路危险和保护自己的责任。

（2）学校教育：学校应将交通安全教育纳入日常课程，并组织学生参加实地考察和安全讲座，让学生了解交通事故的危害和正确的交通规则。

（3）社会宣传：社会各界应加强交通安全宣传，通过媒体、广告、公益活动等渠道，向中职学生传递交通安全意识的重要性，加强他们的自我保护意识。

2. 安全出行的建议

除了安全乘车的方法外，在日常的出行过程中也需要注意一些安全事项。

（1）正确过马路（图 2-10）：在过马路时要选择安全的地点，等待绿灯或者行人信号灯亮起后才能过马路。必要时，应寻找人行横道，并确保车辆停车后再通过。

（2）走路避免使用手机等电子设备（图 2-11）：学生在行走过程中，应尽量避免使用手机等电子设备。该行为会分散注意力，从而增加交通事故发生的风险。

（3）安全骑乘电动车

依据《中华人民共和国道路交通安全法实施条例》第七十二条第二款规定："驾驶电动自行车和残疾人机动轮椅车必须年满 16 周岁"，必须购买符合国标要求的电动车，并且要有牌照。骑电动车时要自觉遵守交通规则，要在非机动车道内行驶，没有划分车道的要靠右边行驶。骑电动车要戴好安全头盔，原则上不能双人或多人骑车。

图 2-10　正确过马路

图 2-11　走路避免使用手机等电子设备

（4）提醒家人安全驾驶

学生家长为了家人们生活得更幸福，每天都很忙碌，有时为了送学生赶时间可能会闯红灯或者超速。请同学们提醒家人一定要遵守交通规则，安全驾驶。开车时一定要系好安全带，时刻观察周围情况，并且切勿酒后驾车。

中职学生作为社会的未来，他们的安全意识和行为习惯对于预防交通事故起着重要作用。通过家庭、学校和社会的共同努力，加强交通安全教育，增强学生们的交通安全意识和安全出行的能力，可以有效预防交通事故的发生，保障他们的安全。因此，我们每个人都应该重视中职学生的交通安全教

项目 2
交通安全

育工作，共同创造一个安全、有序的交通环境。只有这样，我们才能更好地保护学生的安全，为他们的未来发展提供坚实的保障。

总之，交通安全是不可忽略的重要问题。每一个人都应该认真对待和防范交通事故，保障自己和他人的安全。我们应该从自身出发，从个人做起，从遵守交通规则、加强交通安全意识、保持车辆和道路清洁、提高自我保护技能、加大交通安全监管力度、建立交通安全教育体系等多个层面入手，切实做好交通安全教育工作。

拓展阅读

学生们在日常生活中可能需要使用公共交通工具，因此了解安全乘车的方法也是非常重要的。以下是一些安全乘车的建议：

（一）乘坐公共汽车

1. 排队上车，先下后上；
2. 不要将手伸出窗外，容易被别的车刮伤；
3. 不要坐在开动的车厢座位上看书；没有座位时，要拉好身边的扶手；
4. 不向车内外乱扔东西；
5. 不要在开动的车厢里乱跑，容易摔跤；
6. 车里不要吃东西，尤其是冰棒和串烧；
7. 注意出门在外戴好口罩，做好个人防护。

（二）乘坐出租车

1. 冲到马路当中去拦车很危险，在路边招手即可；
2. 下车时要从右边下车，注意后面的车辆和行人；
3. 下车前检查座椅上有没有东西，不要把个人物品遗落在出租车上；
4. 如果下车要穿过马路，走到出租车后面比前面更安全。

（三）乘坐父母的车

1. 不要让父母分心影响开车；
2. 一定要提醒父母系好安全带，时刻注意周围情况；
3. 一定要提醒父母切勿酒后驾驶。

2.2.3 正确、有效处理交通事故

现代发达的交通虽然给人们带来了无尽的便利，但同时也增加了许多安全隐患。有人曾称交通事故为"现代社会的交通战争"，交通事故像一个隐形的杀手，潜伏在马路上等待着违章违规的人出现。因此，应当学会保护自己，养成文明出行、文明礼让的好习惯。

2021年2月，江苏某地发生一起车祸。一辆私家小轿车与乘载参加表演活动学生的校车相撞，校车当场失控侧翻。校车上载有1名司机、1名带队教师和6名学生。事故发生后，有好心路人第一时间参与了救援，好在车祸没有造成人员伤亡。警方初步调查发现，出事校车为一辆通过审核的二手车，事故原因可能是校车司机操作不当造成的。

交通事故并不是天灾，而是人为致祸。根据《中华人民共和国道路交通安全法》规定，道路交通事故是指车辆在道路上因过错或者意外造成的人身伤亡或者财产损失的事件。一起伤亡惨重的交通事故，往往充满着各种让人无法想象的变数，谁能预料到下一秒会发生什么呢？在事故发生的一刹那，又如何使身处困境的自己转危为安呢？交通事故中的自救、互救基本常识对减少伤亡起着至关重要的作用，让我们一起来了解一下吧。

中华人民共和国
道路交通安全法

1. 交通事故自救常识

（1）骑车不慎跌倒时，应尽量使身体保持平衡；如果无法控制，应迅速将车子抛到对侧，人向另一侧跌倒。此时，要注意地面是否有硬石头等尖锐物品，保持全身肌肉紧绷，尽可能用身体的大部分面积与地面接触，切勿用单手、单肩或单脚着地。

（2）乘车遇到险情时，首先要镇定，保持清醒的头脑；千万不要大喊大叫、惊慌失措；不可指挥司机，更不能在高车速时跳车；应迅速趴到座椅上，用双手紧紧抓住前排座椅或扶杆、把手等固定物，低下头并利用前排座椅靠背或手臂保护头和面部。车辆在行驶中发生事故时，乘客不要盲目跳车，应在车辆停下后再陆续撤离。

（3）当翻车或坠车已不可避免时，应迅速蹲下身子，紧紧抓住前排座椅的椅脚，尽量使身体固定在两排座椅之间并随车翻转；需要跳车时，应用最大力气猛蹬双脚，增大向外抛出的力量和距离，千万不要顺着翻车的方向跳车，以防跳出后被车辆重压。

（4）当发生撞车事故时，巨大的撞击力常常会对人身造成重大伤害。搭乘人员应紧握扶手或靠背，同时双脚稍微弯曲用力向前。在车祸中，如果发现有人的头颅、胸部和腹部受到撞击或挤压，即便仅是隐隐作痛，也要警惕内部或内脏出血，应及时到医院诊治，千万不可掉以轻心，防止内出血突然加剧而导致死亡。

（5）乘车中遇到险情，驾驶人在寻找自救方法的同时，要兼顾车上人员的安全以及货物、财产可能遭受的损失。万一不幸被抛出驾驶室或车厢，应迅速抱头并蜷缩成球状就势翻滚，其目的是减小落地时的反作用力，对减轻头部、胸部的损伤起到保护作用，同时尽量远离危险区域。

（6）当车辆发生意外失火时，应破窗脱身并打滚灭火。行驶途中车辆突然燃起浓烟时，应设法迅速离开车体；若因车辆碰撞变形、车门无法打开时，可从前后挡风玻璃或车窗处脱身。

（7）当车辆发生意外落水时，先深呼吸再开车门。车辆掉落河里，若水较深时先不急于打开车门和车窗玻璃，因为这时车门是难以打开的；迅速用力推开车门或砸破车窗玻璃的同时，深吸一口气，及时浮出水面。

2. 发生交通事故时应采取的措施

（1）在公路上发生交通事故时，肇事者及周围群众应尽可能保护好现场原貌，以利于事故处理时民警收集物证，判断事故性质；同时应在事故车辆周围放置警示标志，避免造成二次事故。

（2）及时救护伤员，第一时间拨打交通事故报警电话122或派人报告公安交通管理部门，告知交通事故发生的准确地址和事故性质并留下自己的姓名及联系方式；还需简要说明事故原因与人员、车辆伤损情况以及是否需要医护人员帮助等，以便公安交警部门采取相应的救援、处理措施。

（3）若遇有肇事逃逸，要向交警说清是驾车还是弃车逃逸，以及肇事车的车牌号、车型、颜色及逃逸方向等，为交警的侦破工作提供及时准确的信息。

（4）报警后，应说明是否造成交通阻塞，是否影响道路通行，争取得到交警帮助。

（5）如因交通事故引发火灾，报警人应先拨打119报火警，再拨打122报交通事故。

拓展阅读

事故急救小常识

1. 在事故现场抢救伤员的基本要求是先救命、后治人。对于伤员可根据不同的伤情予以早期处理，让他们采取自认为恰当的体位，耐心地等待救援人员前来处理。

2. 不要急于将伤员从车上或车下向外拖，应先检查其是否失去知觉、是否有心跳和呼吸、是否存在大出血、是否有明显的骨折现象等；如果伤员已经昏迷，则先松开其颈、胸、腰部的贴身衣服，将其头转向一侧并清除口鼻中的血液、污物等，以免引起窒息；如果伤员心跳和呼吸都已停止，应当立即对其进行口对口人工呼吸和胸外心脏按压。如果伤员在车内无法行动自如及下车时，可设法在避免其二次受伤的情况下将其从车内移出，切记不要拉拽伤员肢体；遇到伤员被压于车轮或货物下的情况，应及时设法移动车辆并搬掉货物，采取相应的救护方法。

3. 遇到重、特大事故有众多伤员需要送往医院救治时，应选择处于昏迷状态的伤员优先送往医院，脊椎受伤的伤员最后送往医院；搬运昏迷或有窒息危险的伤员时，要采用侧卧的方法；救助休克伤员时，应采取保暖措施，防止热损耗。

4. 在救助失血伤员时，首先利用外部压力为其止血。在紧急情况下，立即用压迫法止血，然后再根据出血情况改用其他止血方法；伤员出现较大动脉出血时，可采用指压止血法，用拇指压住伤口的近心端动脉，阻断动脉运动，达到快速止血的效果；伤员出现颈部动脉大出血，采用其他止血方法无效时，可采用颈总动脉压迫止血法；如果有严重外伤出血，可将头部放低，伤处抬高，然后用绷带、三角巾、止血带等进行包扎止血，在没有以上物品的情况下，可用干净的手帕、毛巾、床单、布料等代替，在伤口上直接压迫止血；用绷带为伤员包扎时，不要在伤口上方打结，也不要在身体背后打结，以免睡觉时压住不舒服；用止血带为伤员止血时，一定要扎紧，如果扎得不紧，仍会有血液流出。

项目 2
交通安全

5. 伤员发生开放性骨折和严重畸形时，可能由于其穿着衣服难以发现，因此不要急于挪动伤者或扶其站立，以免骨折断端移位而损伤周围血管和神经。如果伤员发生昏迷、瞳孔缩小或散大，甚至对光反应迟钝或者消失，则应考虑有颅内损伤情况，必须立即送往医院抢救。

6. 救助全身烧伤的伤员，需迅速扑灭衣服上的火焰，向全身燃烧的伤员身上喷冷水，脱掉烧着的衣服以及用消过毒的绷带包扎伤口；切勿用沙土覆盖，以免造成伤口感染，甚至危及生命；烧伤伤员口渴时，可饮用少量的淡盐水。

任务 2.3 案例分析

案例一：2023 年某天，四川省某地发生一起惨烈的道路交通事故。两名孩子各骑一辆自行车同行。从村道右转驶出主路时，其中一名 7 岁女孩与一辆过往小汽车迎面猛烈相撞，另外一同行小孩与小汽车擦肩而过，躲过一劫。事故导致被撞伤的女孩送往医院后抢救无效身亡。

案例分析：

两个孩子交通安全意识淡薄，从村道骑自行车驶出主路时，行至路口无停车观察让行的意识，因其年仅 7 岁，对危险尚无识别能力，基本不懂交通规则。根据《中华人民共和国道路交通安全法》相关规定，驾驶自行车须年满 12 周岁。事故中，孩子骑自行车在公共道路行驶是存在交通违法行为的。达到法定年龄骑自行车上公共道路的，要靠右骑行、走非机动车道，不闯红灯、不逆向行驶，过斑马线要下车推行；农村道路行至路口转弯时，要减速观察后再通行。

案例二：小明（15 岁）父亲开了一家小超市，为了方便送货，购买了一辆电动自行车。父亲忙不过来时，就让小明骑电动自行车帮忙送货。某天，小明骑着电动自行车拉着货物出门，他觉得非机动车道上的自行车和行人太多，影响了自己的驾驶速度，见机动车道车少，便进入机动车道骑行。刚骑没一会儿，张某驾驶小轿车从左边撞到了小明的电动自行车，导致小明摔倒，电动自行车及车上货物受损。经交警认定，小明与张某为同等责任。

当天，小明被送至医院就诊。经诊断其为左侧胫腓骨粉碎性骨折、左小腿骨筋膜室综合征等。经鉴定，小明致残程度为十级。

案例分析：

该案例中小明未满16周岁驾驶未依法登记电动车，并且进入机动车道行驶，故负事故的同等责任，对其损失应自担50%。根据《中华人民共和国道路交通安全法实施条例》第七十二条中规定，驾驶电动自行车必须年满16周岁。未成年人对复杂的交通环境缺乏准确的认识和判断，又喜爱刺激和冒险，其驾驶电动自行车上路存在极大的安全隐患，容易给自身或者他人造成伤害。小明未满16周岁驾驶电动自行车在机动车道行驶，最终酿成事故，导致自己受伤。

项目 3　溺水事故

溺水事故是指在游泳时或者失足落水时发生的严重意外伤害。溺水会导致人体吸入大量的水和其他物质,这些物质会阻塞呼吸道,造成缺氧和窒息。

溺水常见于夏季,尤其是在游泳场所、海边、江河、湖泊、池塘等地。溺水的过程通常是迅速的,可能在短时间内(如 4~7 分钟)因呼吸和心跳停止而导致死亡。溺水事故的高发人群包括不会游泳的青少年,他们在没有成人监护的情况下私自下水或在非安全的水域游玩时,一旦发生危险,缺乏必要的自救能力,就可能导致悲剧的发生。

拓展阅读

溺水事故(图 3-1)的发生通常是由于多种因素造成的,包括但不限于以下几点:

1. 游泳技术不熟练。初学者在水中遇到问题时可能会手忙脚乱,导致呛水和溺水。

2. 非游泳区域游泳。在不熟悉的区域内游泳,尤其是存在潜在风险的水域(如含有暗桩、礁石、水草或其他障碍物),会增加溺水的风险。

3. 患有慢性疾病的游泳者。患者在没有医生指导的情况下游泳,尤其是在患病期间,会增加溺水的可能性。

4. 长时间潜水。长时间憋气可能导致大脑缺氧,从而引发头痛、头晕或休克等症状,从而导致溺水。

5. 碰撞打闹。在水中进行打闹嬉戏等活动，特别是在缺乏经验和安全措施的情况下，容易导致溺水。

6. 抽筋溺水。游泳前未做好准备活动、身体过于疲劳、出汗后立即下水、水温过凉或技术动作紧张等因素都可能导致抽筋，进而增加溺水风险。

7. 疲劳游泳。过度游泳可能会导致体能下降，增加溺水的可能性。

8. 突遇暴雨、山洪。在极端天气条件下，如果没有采取适当的应对措施，如快速寻找避难所或保持镇定，则很容易发生溺水。

9. 安全意识淡薄。个人安全防护能力的缺失也是一个重要的因素，这包括缺乏必要的安全教育和训练，以及对安全的忽视。

10. 熟悉水性意外落水。即使是熟悉水性的个体，如果在水中遇到意外，如气管内吸入大量水分、喉头强烈痉挛、头部损伤或心脏病发作，也会发生溺水。

11. 游泳时的不安全行为。包括匆忙下水、不进行热身运动、空腹游泳、体力不支或不足、长时间游泳、从高处跳水、不服从管理人员要求、恶作剧等。

图 3-1 溺水事故

项目 3 溺水事故

任务 3.1 防范措施

案例警示：

2023 年 7 月某天，五名初中生决定一起到河里玩耍，结果全部不幸溺水身亡。据知情人透露，这五人都是初中毕业生，年龄均为十几岁。事故发生后，当地相关机构立即组织 20 余艘船只进行打捞救援。同时，3 家医院共出动 9 辆救护车赶赴现场。然而，当医生赶到时，五人均已没有了生命迹象。

当地村民表示，这段河道没有急流，水面非常平静，不像河流，更像是湖泊。这样的水域常给人一种安全感，但危险往往就隐藏在这样的地方。虽然水面看上去平静，但水深足以淹没学生。如果游泳中途出现体力虚弱或腿部抽筋等情况，就很容易发生溺水事故。或许，正如村民们所说，在这条河边长大的孩子，总是对自己的水性非常自信，对平静的河流抱有错误的观念，以为这样就安全了，并没有意识到潜在的危险，盲目下水，最终导致了悲剧。

这起悲剧引发了人们对水域安全的关注。虽然水面平静，但水下的深度却是一个隐藏的危险。对于孩子们来说，他们可能没有意识到水下的深度，一时的冲动和不慎就导致了悲剧的发生。这也提醒同学们，在面对任何水域时都要保持警惕，切勿掉以轻心。

溺水是造成青少年意外死亡的主要原因之一。在电影情节中，溺水者都是在水里拼命挣扎，大呼救命，动静大到就算在睡觉的救生员也会被喊醒前去救援。但是现实中，为什么救生员一般都是脖子上套着救生板，老老实实地坐在高椅上，目光始终来回巡视着泳池或者海里呢？因为，真正的溺水基本是没有声音的，只有在极少见的情况下，溺水者才能发出呼救。所以带孩子去游泳时，大人们千万不能只盯着手机或打盹，必须时刻警醒，视线绝不能离开在戏水的孩子。

拓展阅读

以下是十大溺水症状，如果你身边有人出现这些现象，请及时问一声"你还好吗"，发现情况不对时及时施以援手，或许就有可能挽救一条生命。

（一）头部没入水中或嘴与水面平行；
（二）头部往后倾斜且嘴巴张开；
（三）眼神呆滞、空洞，无法聚焦；
（四）眼睛紧闭；
（五）头发遮住前额或眼睛；
（六）身体呈现垂直且没有腿部动作；
（七）过度换气或喘息；
（八）试着游往某一个方向，但无法前进；
（九）试着翻滚身体；
（十）像在攀爬看不见的楼梯。

1. 如何防止溺水？

（1）不要独自一人外出游泳，更不要到不知水情或比较危险且易发生溺水伤亡事故的地方去游泳。选择好的游泳场所，对场所的环境，如浴场是否卫生，水下是否平坦，有无暗礁、暗流、杂草，水域的深浅等情况要了解清楚。

（2）必须有组织并在老师或熟悉水性的人的带领下去游泳，以便互相照顾。如果集体组织外出游泳，则下水前后要清点人数，并指定救生员做安全保护。

（3）要清楚自己的身体健康状况，平时四肢就容易抽筋者不宜游泳或不要到深水区游泳。

（4）对自己的水性要有自知之明，下水后不能逞能。不要贸然跳水和潜泳，更不能互相打闹，以免呛水或溺水；不要在急流和漩涡处游泳，更不要酒后游泳。

（5）在游泳时，如果突然觉得身体不舒服，如眩晕、恶心、心慌、气短等，要立即上岸休息或呼救；若小腿或脚部抽筋，千万不要惊慌，可用力蹬腿或做跳跃动作，或用力按摩、拉扯抽筋部位，同时呼叫同伴救助。

 2. 学生自身一旦发生溺水事故要如何应对？

（1）积极进行自救

溺水时不要慌张，保持镇定，积极自救。

（2）寻求成人救助

一起游泳的青少年学生，一旦发现同学溺水时，要立刻呼叫成年人帮忙救助，不要因盲目施救而造成更大损失。

（3）防止鼻息呛水

在水中遇险时用鼻子吸气，最容易引起呛水。如果呛了水，应先张大嘴巴，做深呼吸，哪怕喝上几口水，也一定要张大嘴，而不能用鼻子喘气。

（4）不熟水性的自救

如果发生溺水的学生不熟悉水性，除呼救外，应全身放松后采取仰卧位，头部向后，尽量使鼻部露出水面呼吸。呼气要浅，吸气要深。因为深吸气时，人体相对密度会降到比水略小，即可浮出水面，此时千万不要将手臂上举乱扑动，而使身体下沉更快。

（5）腿部抽筋自救

游泳发生抽筋时，千万不能慌张，必须保持镇定，先吸一口气，采取仰泳，并根据不同部位采取不同方法进行自救。抽过筋后，改用另一种游泳姿势游回岸边。

（6）水草缠身自救法

1）要镇定，切不可继续踩水或手脚乱动，否则就会使肢体被缠得更难解脱，或在淤泥中越陷越深。

2）用仰泳方式，按原路慢慢退回。脱离水草后，轻缓而游，并尽快离开水草丛生的地方；自己无法摆脱时，不要慌张，及时呼救。

（7）身陷漩涡自救法

有漩涡的地方，一般水面常有垃圾、杂物在漩涡处打转，只要留心就可

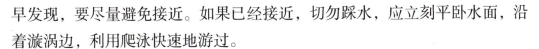

早发现，要尽量避免接近。如果已经接近，切勿踩水，应立刻平卧水面，沿着漩涡边，利用爬泳快速地游过。

（8）疲劳过度自救法

游泳时觉得发冷或疲劳，应尽快游回岸边。如果离岸较远，或太累无法游回岸边，应以仰泳的姿势停留在水面上以保存体力。同时举起一只手，放松身体，等待对方施救。不能紧抱着施救者。如果没有人来，就继续浮在水面上，等到体力恢复后再缓慢游回岸边。

 3. 发现他人溺水如何进行急救？

（1）发现溺水者如何将其救上岸？

1）可将救生圈、竹竿、木板等物抛给溺水者，再将其拖至岸边；

2）若没有救护器材，可以入水直接救护。接近溺水者时要转动他的髋部，使其背向自己然后拖运，拖运时通常采用侧泳或仰泳拖运法。

（2）如何开展岸上急救？

1）当溺水者被救上岸后，应立即将其口腔打开，清除口腔中的分泌物及其他异物。如果溺水者牙关紧闭，要从其后面用两手的拇指由后向前顶住他的下颌关节，并用力向前推进。同时，两手的食指与中指向下扳颌骨，即可掰开他的牙关。

2）控水。救护者一条腿跪地，另一条腿屈膝，将溺水者的腹部放到屈膝的大腿上，一只手扶住他的头部，使他的嘴向下，另一只手压他的背部，这样即可将其腹内的水排出。

3）如果溺水者昏迷，呼吸微弱或停止，要立即进行人工呼吸，通常采用口对口吹气的方法效果较好。若其心跳停止，还应立即配合胸部按压，进行心脏复苏。

4）注意在急救的同时，要迅速拨打急救电话，或拦车将溺水者送去医院。但是，欲救人者，必先自救；欲助人者，必先自助。不提倡未成年人营救溺水者，应报警或寻找成年人营救。

项目 3 溺水事故

知识拓展

造成溺水者死亡的事件中，最主要的问题就是被异物卡住呼吸道进而导致窒息的危险情况。一旦呼吸道被卡住，那么每分每秒都将面临死亡，现在就给大家介绍正确的急救方法——海姆立克急救法。

海姆立克急救法是一种清除上呼吸道异物的急救方法，其基本操作方法（图3-2）是救护者站在受害者背后用双臂环抱腹部，一手握拳掌心向内挤压受害者的肚脐和肋弓之间的部分。另一只手伸开搭在拳头以上，双手快速用力向里向上按压，反复进行此动作，直到堵塞物吐出为止。

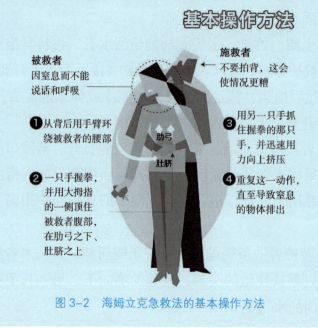

图 3-2 海姆立克急救法的基本操作方法

任务 3.2 案例分析

案例一：2022年3月某天，某地6名中职学生到海边游玩，有人提出要进行游泳比赛，看谁游得远。随后6名学生你追我赶渐渐远离海滩。这时候，忽然有同学感觉不对劲，脚下的海水太深了，他害怕发生危险，便劝说伙伴们游回岸上。然而，正当他们往回游的时候，海水涨潮翻浪，6人立刻呼救，但已来不及了。最终，6人全部溺亡。

案例二：2023年6月某天，某地两个中学生放学后在水塘边洗脚，一人落水，另一人施救也惨遭危险，最终双双溺亡。

案例三：2022年7月某天，某地一17岁男子，独自前往家附近的水库游泳。在游泳过程中，他不慎抽筋，且溺水半小时。幸亏被路过的村民发现并及时救上岸，随后紧急送入当地医院抢救，后由于病情危重转送ICU。最后虽成功脱险，但该男子也落下了严重的后遗症。

> **案例分析：**
>
> 中职学生经历尚浅，冒险、试探、无畏的意识较强，对相关水域的危险性认识不足，自我防护能力弱，溺水风险最高。此类事故在炎热天气最易发生，且占比最高。希望同学们切勿到河边、湖边、水库边嬉戏，防止发生溺水事故，要不断提高自身防溺水的自觉性和识别险情、紧急避险、遇险逃生的能力。

项目 4 火灾事故

火灾事故是指由于火灾的发生而引起的生命、财产损失的灾难性事件。具体来说，它涉及时间或空间上失去控制的燃烧，导致人员伤亡和物质财富的损失。火灾事故是由于多种原因引起的，包括但不限于雷击、自燃、使用明火不当、燃气或电器使用不当等。为了预防和减少火灾事故的发生和危害，需要采取一系列的控制措施，如控制可燃物、隔绝助燃物、消除着火源等，以及加强消防教育和培训，增强公众的消防安全意识和知识水平。

案例警示：

案例一：2020年12月，某地消防救援支队指挥中心接到报警，某大学学生宿舍13栋4楼411室突然起火（火灾现场如图4-1所示）。

图4-1 案例一火灾现场

经过调查，火灾原因为前一天晚上，该宿舍一学生使用大功率电器，结果导致跳闸断电。第二天，该学生到宿管处请求恢复用电后便离开宿舍去上体育课，忘记关闭仍放在棉被上的吹风机及电插板开关，导致了这一起火灾事故的发生。

案例二：2018年10月，某高校一男生宿舍突然出现火情，记者紧急前往校园内核实情况。大批学生得知着火后纷纷下楼躲避（火灾现场如图4-2所示），据现场一名学生介绍称是该宿舍楼的一名学生为电瓶车充电引起了火灾。

图4-2 案例二火灾现场

中华人民共和国消防法

消防安全提示：

电动车电池在充电过程中容易自燃，燃烧产生的毒气足以使上百人窒息死亡，公安部发布禁令规定，严禁在人员密集场所为电动车充电，严禁私拉乱接充电线路为电动车充电。购买电器产品时务必认准安全标识、出厂证明和检验合格证。因为电线和插头、插座多重连接，容易导致接触不良，从而产生电火花，如遇可燃物，就会引发火灾。

任务 4.1 防范措施

俗话说"水火无情"。火在给人类带来方便和益处的同时，也给人们的生命和安全带来了不可估量的损失和危害。

1. 火灾燃烧的必要条件（图 4-3）

火灾燃烧时，助燃物、可燃物、着火源三个条件必须同时具备，即着火的三要素。这三个要素缺少任何一个，燃烧都不能发生和维持，因此，着火的三要素是火灾燃烧的必要条件。

图 4-3 火灾燃烧的必要条件

（1）助燃物：帮助和支持可燃物燃烧的物质，能和可燃物发生氧化反应的物质，如空气，氧气等。

（2）可燃物：与空气中的氧或其他氧化剂燃烧反应的物质，如纸张、木料、干草等。

（3）着火源：供应可燃物与助燃物发生燃烧反应能量的来源。除明火外，电火花，摩擦、撞击产生的火花及发热自燃起火的氧化热等物理化学因素都能成为着火源。

2. 火灾燃烧产物及其毒性

燃烧产物是指由燃烧或热解作用产生的全部物质，包括燃烧生成的气体、能量、可见烟等。

燃烧产生的气体包括二氧化碳、一氧化碳、氯化氢、丙烯醛、氰化氢、二氧化硫等。

燃烧还会产生一些毒素。吸入过多火灾燃烧产生的有毒烟气是火灾中约 80% 死亡人数的致死原因。

二氧化硫、一氧化碳是火灾中的主要燃烧产物，也是火灾烟气的有毒成分，其毒性在于与血液中血红蛋白的高亲和性，比氧气高出 250 倍。

3. 灭火的基本方法

（1）隔离法：将着火的地方和物体与其周围的可燃物隔离或移开，燃烧就会因为缺少可燃物而停止。实际运用时，可将靠近火源的可燃、易燃、助燃物品搬走；把着火的物体移到安全的地方；关闭电源、可燃气体、液体管道阀门，中止和减少可燃物质进入燃烧区域；拆除与燃烧着火物毗邻的易燃物等。

（2）窒息法：阻止空气流入燃烧区或用不燃烧的物质冲淡空气，使燃烧物得不到足够的氧气而熄灭。实际运用时，可用湿棉毯、湿麻袋、湿棉被、湿毛巾被、黄沙、泡沫等不燃或难燃烧物质覆盖在燃烧物上等。

（3）冷却法：将灭火剂直接喷射到燃烧物上，以降低燃烧物的温度。当燃烧物的温度降低到该物体的燃点以下时，燃烧就停止了，或者将灭火剂喷洒在火源附近的可燃物上，使其温度降低，防止因热辐射影响而起火。冷却法是灭火的主要方法之一，常用水和二氧化碳作灭火剂来冷却降温灭火。

（4）抑制法：这种方法是用含氟、溴的化学灭火剂喷向火焰，让灭火剂参与到燃烧反应中去，使燃烧链反应中断，达到灭火的目的。

任务 4.2　常见消防设施及使用方法

常用消防设备器材介绍及使用方法

1. 手提式 ABC 干粉灭火器（图 4-4）

手提式 ABC 干粉灭火器是一种轻便、高效的移动式灭火器材。它的设计用于扑灭 A 类（主要由碳固体可燃物引起的）、B 类（由甲、乙、丙类液体引起的）和 C 类（由可燃气体引起的）火灾。ABC 干粉灭火器使用磷酸铵盐干粉灭火剂和氮气作为驱动气体，这些成分被灌装在一个全封闭的容器内。灭火时，由氮气驱动干粉灭火剂通过喷射进行灭火，这种灭火方式具有灭火速度快、重量轻、效率高、使用方便、灵活、安全、可靠等特点。此外，手提式 ABC 干粉灭火器的存放条件为 –10~+45℃之间的通风干燥处，且在使用前各连接件必须拧紧以确保安全。

图 4-4　手提式 ABC 干粉灭火器

使用方式：

（1）发生火灾时，应手持灭火器筒身，上下摇动数次；

（2）拔出保险栓，保持桶内与地面垂直，手握胶管；

（3）从上风位置接近火点，将皮管朝向火苗根部；

（4）用力压下握把，摇摆喷射，将干粉射入火焰根部；

（5）火熄灭后，可用水冷却除烟；

（6）灭火时应顺风不宜逆风。

2. 水基型灭火器（图 4-5）

药剂主要成分表面活性剂等物质和处理过的纯净水搅拌，以液态形式存在，因此简称水基型灭火器。

水基型灭火器在喷射后，呈水雾状，瞬间蒸发火场大量的热量，迅速降低火场温度，抑制热辐射，表面活性剂在可燃物表面迅速形成一层水膜，隔离氧气，起到降温、隔离双重作用，同时参与灭火，从而达到快速灭火的目的。

图 4-5　水基型灭火器

使用方式：

（1）将灭火器提至现场，在距离燃烧物 6～10m 处，拔掉保险销。

（2）一只手握住开启的压把，另一只手握住喷枪，开启压把时，要向下压且紧握不放，灭火器密封被开启后，空气泡沫将从喷枪里喷出。

（3）喷出泡沫后，要将喷枪对准火势最旺处，灭火器要与地面保持垂直状态，不可横卧或者倒置。

（4）灭火时应果断、迅速。

3. 推车式灭火器（图 4-6）

推车式灭火器是一种装有轮子的移动式灭火器，它可以由一人推（或拉）至火场。这种灭火器能够在内部压力作用下将所装的灭火剂喷出，用以扑救火灾。推车式灭火器通常包含磷酸铵盐干粉灭火剂和氮气，适用于多种类型的火灾，包括可燃固体、可燃液体、可燃气体以及带电设备的初起火灾。此类灭火器广泛应用于工厂、仓库、船舶、加油站、配电房、车辆等场所。

图 4-6　推车式灭火器

推车式灭火器的特点包括灭火速度快、效率高、覆盖范围广、用水量少、毒性较低，且可以进行持续或间断喷射。此外，其结构和操作相对简单，使用起来方便灵活。需要注意的是，虽然推车式灭火器适用于多种情况，但并非每种类型都适合所有场合。例如，某些型号可能不适用于扑救水溶性可燃或易燃液体的火灾，或者不能用于扑救带电设备和其他特定类型的火灾。

使用方式：

（1）发生火灾时，迅速将灭火器推至现场；

（2）拔出保险栓，保持桶内与地面垂直，手握胶管；

（3）从上风位置接近火点，将皮管朝向火苗根部；

（4）用力压下握把，摇摆喷射，将干粉射入火焰根部；

（5）火熄灭后，可用水冷却除烟；

（6）灭火时应顺风不宜逆风。

4. 过滤式消防自救呼吸器（图4-7）

过滤式消防自救呼吸器是一种通过过滤装置吸附、吸收、催化及直接过滤等作用去除一氧化碳、烟雾等有害气体，供人员在发生火灾时逃生用的呼吸器。

使用方法：

（1）打开盒盖，取出真空包装呼吸器；

（2）撕开包装袋，拔掉呼吸器前两个罐盖；

（3）戴上头罩，拉紧头带；

（4）选择路径，及时逃生。

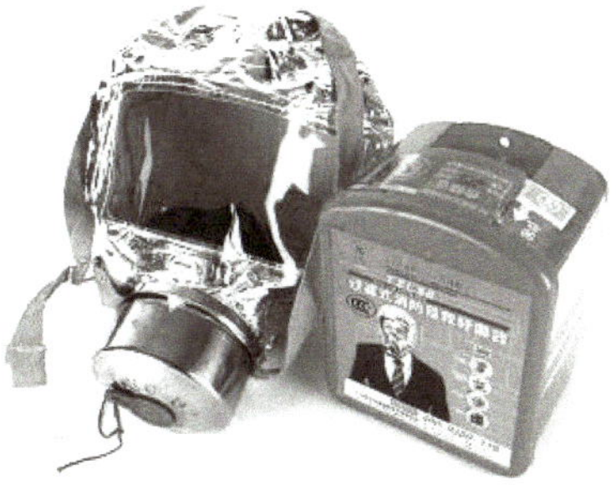

注意事项：

图4-7 过滤式消防自救呼吸器

（1）该产品仅供一次性使用，不能用于工作保护，只供个人逃生自救；

（2）该产品备用状态时，环境温度应为0～40℃，周边无热源，易燃、易爆及腐蚀性物品，通风应良好，无雨淋及潮气侵蚀；

（3）该产品为存放型，一旦固定存放后，不能随意搬动、敲击、拆装，以免引起意外导致无效；

（4）该产品不能在氧气浓度低于17%的环境中使用；

（5）该产品只供成年人佩戴逃生使用；

（6）撕破真空包装袋，视为呼吸器已失效不能再使用；

（7）平时要养成定期查看该产品使用期限的习惯，过期不能再使用。

5. 消防水带（图4-8）

消防水带是一种用于在火灾现场输送高压水和泡沫等阻燃液体的软管。它通常由橡胶或聚氨酯等聚合材料制成，并由内部层和外部层组成，这两层之间可能包裹着亚麻或其他类型的编织物。消防水带的两端各有一个金属接头，这个接头允许水带被连接起来，从而延长其长度或者通过连接喷嘴来增大液体的喷射压力。根据材料的不同，消防水带可以分为有衬里和无衬里两种类型：

（1）有衬里消防水带。这种水带的内衬通常是橡胶，它能提供较高的耐压性和较小的摩擦阻力，因此不容易泄漏且耐磨损、耐霉腐，使用寿命较长。它们也易于弯曲和折叠，便于搬运和使用。

（2）无衬里消防水带。这种水带没有内衬，主要是由亚麻或其他材质构成的外部层。由于缺乏内衬，它们的耐压较低，阻力较大，更容易漏水，且使用寿命较短。它们通常用于建筑物内的火场铺设。

此外，消防水带还可以根据压力的不同分为高压水带、中压水带和低压水带，以适应不同的灭火需求。

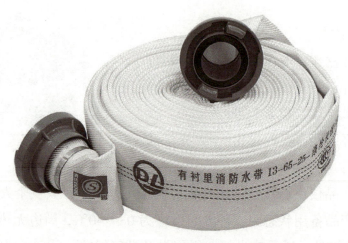

图4-8 消防水带

使用方法：

（1）铺设时应避免水带弯曲、打折，防止降低水压；还应避免扭转，以防冲水后水带转动，致使内扣式水带接口脱开；

（2）冲水后不要在地面上强行拖拉，确实需要改变水带位置时，抬起移动，最大程度减少水带磨损。

6. 消防水枪（图 4-9）

使用方法：直接连接在水带接口使用。

图 4-9　消防水枪

7. 消火栓（图 4-10）

消火栓，也称为消防栓，是一种固定式的消防设施。它的主要功能是通过与市政供水管网连接，控制可燃物质、隔绝助燃物质以及消除着火源，从而有效地扑救火灾。消火栓可以分为室内消火栓和室外消火栓两种类型。室内消火栓通常安装在建筑物内部的管道系统中，用于向消防车供水以进行灭火操作；而室外消火栓则位于建筑物外部，主要是为了供消防车从市政或室外消防给水管网取水实施灭火。此外，消火栓还可以通过连接水带和水枪直接对火场进行供水灭火。因此，消火栓不仅是固定消防工具，还是保障消防队伍有效灭火的关键设施。

使用方法：

（1）取出消火栓内水带并展开，一端连接出水接口，另一端接上水枪；

（2）快速拉取消防水带至事故地点，缓慢开启球阀开关。

项目 4　火灾事故

图 4-10　消火栓

8. 烟感报警器（图 4-11）

烟感报警器，也称为烟雾感应火灾探测报警器或烟感器，是一种用于检测火灾时产生大量烟雾的安全设备。它的主要功能是在发现烟雾微小变化时及时发出警报，从而起到预防火灾的作用。烟感报警器通常包含一个传感器、一个警报器和一个控制单元。该设备的核心部件是离子式烟雾传感器，它是一种技术先进且工作稳定的传感器，广泛应用于各种消防报警系统中，其性能优于传统的气敏电阻类火灾报警器。烟感报警器的工作原理是利用传感器探测烟雾的吸收率来判断是否存在火灾。当烟雾出现时，传感器会产生信号，然后警报器会发出警告，提醒人们采取措施并报警。此外，烟感报警器可以通过总线供电，并与火灾报警控制器联网和通信，形成一个完整的报警系统。在报警状态下，现场不会有声音，但主机会有声光提示，以便用户识别情况。

使用方法：当空气中烟雾的浓度达到警戒值，烟感报警器会自动报警，将火灾信号传送至消防控制室，值班人员到现场确认是否真正发生火灾。

9. 消防应急灯（图 4-12）

消防应急灯是一种在火灾或其他紧急情况下用于提供临时照明的设备。它的主要作用是确保人员在建筑物内能够容易地识别安全出口的位置和规定的疏散路线，从而有助

图 4-11　烟感报警器

于人员的疏散和灭火救援行动的进行。消防应急灯的设计包括高亮度、长寿命以及快速响应时间的特点，它能够在电源中断后自动切换到应急模式，提供必要的照明，以便人们在黑暗中进行安全的疏散。这种灯具通常被安装在疏散通道、安全出口以及其他关键区域，如消防控制室、水泵房等地。消防应急灯具备节能、耐用且易于维护的特性，使其成为工厂、酒店、学校、医疗机构等公共场所中一种重要的备用照明设施。

图 4-12　消防应急灯

10. 紧急疏散标识牌（图 4-13）

紧急疏散标识牌是一种用于指示人们在紧急情况下疏散的标识牌，通常被设置在公共场所，如学校、医院、商场等。这些标识牌的作用是在发生火灾、地震等紧急情况时，指引人们迅速离开危险区域，保障人们的生命安全。

图 4-13　紧急疏散标识牌

4.2.1 初起火灾的扑救和处置

扑灭初起火灾是减少火灾损失、杜绝火场致人死亡的最重要环节，初起火灾扑救有很多方法，但是我们要学最实用的。当实体店内发生初起火灾时，第一时间通过正确的扑救方法，正确使用灭火器（图4-14），避免发生更大的火灾事故，减少财产损失和保障人身安全。

图4-14　正确使用灭火器

1. 初起火灾扑救方法

（1）发现火情，沉着镇定。发现起火时，首先要保持沉着冷静，理智分析火情。如果是在火灾的初期阶段，燃烧面积不大，可考虑正确使用灭火器（图4-15）自行扑灭；如果火情发展较快，要迅速逃离现场，向外界寻求帮助。

（2）扑灭小火，争分夺秒。当刚发生火灾时，应争分夺秒，奋力将小火控制、扑灭；千万不要惊慌失措地乱叫乱窜，置小火于不顾而酿成大灾。

（3）大声呼救，及时报警（图4-15）。"报警早，损失小"，一旦发现火情，既要积极扑救，又要及时报警。拨打火警电话时，接通后要首先确认是否是消防队，得到肯定回答后，即可报警；说清起火单位及其街路、门牌号；要说清着火物品和火势大小，以及是否有人被围困；要讲清报警人的姓名、所用电话的号码。

（4）生命至上，救人第一。火场上如果有人受到火势的围困时，首要的任务就是把受困的人员从火场中抢救出来。救人与救火可同时进行，以救火保证救人的展开。

（5）灭火器材是扑救初起火灾的不二之选。此外，也要学会室内消火栓的使用方法。正确使用消火栓扑救初起火灾比消防队到达现场扑救效果要好。

另外，黄沙、用水淋湿的棉被、毛毯、扫帚、拖把、衣服等也可用作打灭小火的工具。

图 4-15 及时报警

（6）电气火灾，断电第一。一般电气线路、电器设备的火灾，首先必须切断电源，然后才考虑扑救措施。只有当确定电路或电器无电时，才可用水扑救。在没有采取断电措施前，千万不能用水、泡沫灭火剂进行灭火，因为水是导电的导体，着火电器上的电流可以通过水、泡沫等导体电击救火的人。对于电视机、微波炉等电器火灾，在断电后，需用棉被、毛毯等覆盖住着火的电器，防止电器着火后爆炸伤人，再把水浇在棉被、毛毯上，才能彻底进行灭火。

（7）房间着火，门窗慎开。如果封闭的房间里着火，看到浓烟和火焰时，应立即盛水浇灭火焰，不要大开门窗。因为门窗一开，房间里的空气就会与室外的空气形成对流，这就等于给房间里的大火添加助燃剂，会助长火势蔓延。

（8）火势凶猛，撤退求援。如果火势越烧越大，参加灭火的人员应组织疏散（图 4-16）迅速撤离火场，等待公安消防队前来救援。

2. 初起火灾扑救原则

（1）"救人第一"的原则

救人第一原则，是指火场上如果有人受到火势威胁，各单位消防人员、保安员及在场群众的首要任务就是把被火围困的人员抢救出来。在灭

图 4-16 组织疏散

火力量较强时，灭火和救人可以同时进行，在人未救出之前，灭火是为了打开救人通道或减少烟火对人员的威胁，为人员脱险创造条件。例如，在起火楼层的上方有人被烟火围困下不来，此时应组织力量灭火并打开疏散通道。根据火场情况，有时先救人后灭火；有时先灭火后救人；有时救人与灭火同时进行。

（2）"先控制，后消灭"的原则

先控制，后消灭是相对于不可能立即扑灭的火灾而言的。对于能一举扑灭的小火，要抓住战机迅速消灭；当火势较大，灭火力量相对较弱，不能立即扑灭时，要把主要力量放在控制火势发展或防止爆炸、易燃物泄漏等危险情况的发生上，防止火势扩大，为消灭火灾创造条件。例如，当一个房间着火时，如不能一举消灭，则应将房间的门窗关闭，以延缓火势扩大，等待消防队扑救；煤气、天然气管道或液化石油气罐、灶具漏气起火，则应立即关闭阀门或采取堵漏措施，防止火势扩大，或将受到火势威胁的罐搬开以控制火势发展，同时用消火栓出水枪以夹击的方式灭火；对于流淌的可燃液体，可用泥土、黄沙筑堤等方法，阻止其流向易燃、可燃物存放处等。

（3）"先重点，后一般"的原则

先重点，后一般是指在扑救初起火灾时，要全面了解并认真分析火场情况，区别重点与一般，对事关全局或生命安全的物资和人员要优先抢救，之后再抢救一般物资。人和物相比保护人是重点；贵重物资和一般物资相比，保护和抢救贵重物资是重点；控制火势蔓延的方向应以控制受火势威胁最大的方向为重点；有爆炸、毒害、倒塌危险的方面与其他方面相比，应以危险的方面为主；火场上的下风方向与上风、侧风方向相比，下风方向是重点；要害部位与其他部位相比，要害部位是火场保护的重点；易燃、可燃物集中区域与一般固体物资区域相比，前者是保护重点。

任务 4.3　火场逃生自救的基本方法

据联合国世界火灾统计中心（WFSC）不完全统计，全球每年发生火灾约 600 万~700 万次，全球每年死于火灾的人数约为 65000~75000 人。一旦火灾降临，在浓烟毒气和烈焰包围下，不少人葬身火海，但也有人死里逃生。"只有绝望的人，没有绝望的处境"，当被困在火场内生命受到威胁时，面对滚滚浓烟和熊熊烈焰，在等待消防员救助的时间里，如果能够利用地形

任务 4.3 火场逃生自救的基本方法

和身边的物体采取积极有效的自救措施,就可以赢得更多的"生机"。火场逃生不能寄希望于"急中生智",只有靠平时对消防常识、火灾逃生的学习掌握和储备,火灾逃生危难关头才能应对自如,脱离险境。所以火场避险的基本原则就是趋利避害、逃生第一。

一旦发现火灾,应立即拨打 119 火警电话报警,并准确报告失火地址及火势大小;如有可能,应尽量提供详细信息,如是否有人被困、是否发生爆炸或毒气泄漏等。在说不清楚具体地址时,要说出地理位置、周围明显建筑物或道路标志。

值得一提的是,当遇到火灾,我们要做的第一件事就是:报警!

现在来教给大家如何正确报火警(图 4-17):

1. 发现火情请第一时间拨打火警电话 119;

2. 拨通电话后要沉着冷静,向接警中心讲清失火单位的名称、地址、着火物品、火势大小以及着火的范围;同时还要注意听清对方提出的问题,以便正确回答;

3. 把自己的电话号码和姓名告诉对方,以便联系;

4. 打完电话后,要立即到交叉路口等消防车的到来,以便引导消防车迅速赶到火灾现场。

图 4-17 正确报火警 119

拓展阅读

火场逃生十大秘诀

第一诀：熟悉环境，暗记出口。
第二诀：通道出口，畅通无阻。
第三诀：保持镇静，快速撤离。
第四诀：不入险地，不贪财物。
第五诀：简易防护，不可缺少。
第六诀：善用通道，莫入电梯。
第七诀：缓降逃生，滑绳自救。
第八诀：大火袭来，固守待援。
第九诀：发出信号，寻求救援。
第十诀：火已烧身，切勿惊跑。

4.3.1 宿舍火灾如何逃生

学生宿舍是学生休息、生活、学习的综合场所，学生一天中至少一半的时间在这里度过。一旦发生火灾，特别是在夜间，将对学生的生命财产安全构成严重的威胁。因此，学生宿舍是学校防火工作的重点部位。但是，近几年来，学生宿舍屡有起火事件发生，有的还酿成火灾甚至特大火灾。

案例一：2023年11月，江西省某技师学院一男生宿舍突发火灾，学院工作人员称，疑似劣质插线板引发短路起火，一间宿舍被烧，所幸15分钟左右火势就灭掉了，没有人员伤亡。案例二：2023年5月，圭亚那中部马迪亚一中学女生宿舍发生大火，火灾发生时宿舍共有57名女学生，事故造成至少20人死亡、数人受伤。案例三：2023年5月，江苏常州一高校5楼宿舍起火，消防救援人员抵达现场发现，明火已被学校的安保人员扑灭，但现场烟雾仍旧较大。消防救援人员立即疏散现场人员，同时开展火情排查。经了解得知，起火当时宿舍内全员外出，但网购的充电式蚊香液没有关，疑似是设备过热引发了火灾，所幸事故未造成人员伤亡。据消防救援局的相关统计，2023年全国各类学校发生火灾750余起，因此，做好学生宿舍火灾预防与自救，防止火灾发生、避免财产损失和人员伤亡，已成为维护学校稳定不容忽视的大事。

学生宿舍由于通道少而狭窄，且楼内人员集中，一旦发生火灾，疏散逃生困难，所以增强学生消防意识和自救知识水平是避免发生伤亡的基础。

学生宿舍内人员密集，存放大量的可燃物品（图 4-18），如纸张、书、蚊帐、窗帘、墙饰、书桌以及衣服等。这类物品在点火源的作用下，极易发生火灾并迅速蔓延，因而，我们应了解学生宿舍引起火灾的主要原因。

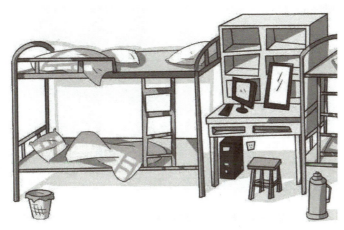

图 4-18　学生宿舍内人员密集，存放大量的可燃物品

1. 宿舍内私接乱接电源（图 4-19），违规使用电器

为了保证学生安全，学校在宿舍用电方面有严格规定。但有的学生为了自己方便，从室内灯头处私接电源，将电线放在床底下的垫子上，一旦电线老化裸露极易发生短路。还有少数学生违反宿舍防火安全管理规定，私自使用劣质电器和大功率电器（包括充电器、热得快、电吹风、直板夹等），使电线超负荷，造成短路，引起火灾事故。切记一定要使用符合国家标准规定的插排或者充电宝。

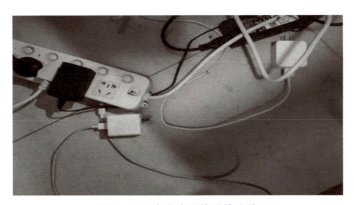

图 4-19　宿舍内私接乱接电线

2. 宿舍内躺在床上吸烟（图 4-20）或乱扔烟头

男学生中抽烟的为数不少，其中有的学生抽完烟后不掐灭烟头，就随手扔掉，还有少数学生躺在床上吸烟，烟头一旦掉在床上，极易发生火灾事故。

图 4-20　宿舍内躺在床上吸烟

3. 电动车引起的火灾（图 4-21）

图 4-21　电动车引起的火灾

近几年，电动车作为代步工具，比自行车快速省力，还能避免机动车堵车，逐渐成了人们出行的首选，可是它也隐藏着不少的消防安全隐患。

电动车起火的危害主要表现为火场高温和毒烟。电动车起火 30 秒，毒烟便可覆盖整个房间和楼道，火焰温度会上升到 300℃；起火 3 分钟后，整个电瓶车会被火焰包裹，且温度持续上升，伴有浓烟，逐渐进入猛烈燃烧阶段，甚至还有爆炸的可能，极易引发伤亡事故。

任务 4.3 火场逃生自救的基本方法

 那么，应如何防范电动车火灾？

（1）远离易燃易爆物品

充电时要仔细检查并清理电动车附近堆放的易燃物品，以防电动车起火时引燃附近的物品，造成更严重的后果。

（2）禁止入户充电

由于电动车车体大部分使用易燃、可燃材料，一旦起火，燃烧速度快，并产生大量有毒烟，人员逃生困难，极易造成伤亡。

（3）不随意改装电动车

一辆电动车的寿命一般为 3～4 年。如超期使用，电气线路和电瓶会出现老化故障等情况，如再随意加装音响、照明或者加装电瓶等，就很容易造成线路过负荷，引发火灾。

（4）加强日常自查自检

在日常使用中，应加强对电动车的线路、电器元件等方面的检查，防止因接触不良引起打火、发热现象，避免线路老化、元件磨损而造成漏电、接触不良或短路等故障。

学生宿舍发生火灾后，应针对着火楼层、地点和火势大小采取不同的方法进行自救、互救。

1. 发生火灾后应采取的对策

自己所住的宿舍发生火灾，在拨打 119 火警电话的基础上，还应采取以下措施进行自救：

（1）如果火势较小，可以用灭火器或室内消火栓进行灭火，也可以用打湿的毛毯、棉被覆盖，窒息灭火，将火灾消灭在初起阶段。发现起火应首先断电，特别是用水扑救前，必须先断电。

（2）如果火势较大，自行扑救有困难或不能扑灭，应迅速跑出着火房间并关闭房门，截断烟雾的扩散和阻碍火势的蔓延，并呼喊或通知楼上各房间的同学，迅速疏散到地面安全地区。

2. 发生火灾后的逃生方法

（1）着火层以下楼层的学生在发生火灾后，由于着火层下层受烟、火威胁较小，且火向下蔓延的速度较慢，所以人员可以从容不迫地顺楼梯疏散到地面。

（2）着火层的学生在发生火灾后应采取以下逃生方法：

1）房间内着火首先逃出房间，关闭房门，呼喊示警，并打电话报警，通知学校保卫部门。打电话报警时应说清地点、楼号、栋门号、楼层、房号、人员被困情况、着火物质及报警人的姓名和电话。

2）房间外着火时，若通往楼梯的门未被火封死，可以用沾湿的手帕、毛巾捂住口鼻，采取弯腰或爬行的低姿方式逃出着火区域；若通道被火封死，可以关紧房门，打开窗户呼救，等待消防队员的救援。

（3）着火层以上楼层人员的逃生方法

楼下发生火灾后，楼上各层会被烟气笼罩，针对火势的大小，可以采取以下方法自救：

1）在楼梯没有被封堵的情况下，用沾湿的手帕、毛巾捂住口鼻，顺楼梯跑到楼下安全区域。

2）若楼梯被封堵，可以躲进房间，关紧房门，打开窗户呼救，等待救援。

3）单元内有天窗的可以打开天窗，爬到楼顶平台上，躲避烟火的威胁，等待消防人员救援。

4.3.2 公共场所火灾如何逃生

1.引发公共场所火灾的原因有哪些？

公共场所发生火灾绝大多数都是人为造成的，其主要原因包括：

（1）为了临时用电，在原有的线路上接入大功率的电气设备，使其长期过载运行，破坏了线路绝缘，引发火灾。

（2）对供电线路缺乏维护和检修，致使长年使用的线路绝缘破损后发生漏电、短路等引起火灾。

（3）所使用的移动灯具的插头和插座因接触不良而发热，或者照明灯具的位置与可燃物的距离过近，都会因温度过高而烤燃起火。

（4）所使用的电熨斗、电吹风、电烙铁等电器，用后忘记切断电源，搁置在可燃物上，或者用完后余热未散，立即装入可燃的包装内，从而因温度过高引起火灾。

（5）所使用的电热杯、电炉、电褥子等电热设备长期通电，或忘记关闭电源开关，也容易造成火灾事故。

（6）公共场所随意吸烟、乱扔烟头或火柴，也是造成火灾的主要原因。

（7）剧场、电影院在演出时，为了增强演出效果，使用鞭炮、烟火等易燃易爆物品也会引发火灾。

（8）维修公共场所设施时，违规使用电气焊（图4-22），使火花落在可燃物上引起火灾。

图4-22 违规使用电气焊

 2. 进入公共场所预防火灾的要点有哪些？

（1）市民到商场、KTV或大型体育馆等公共场所活动，要留意安全出口和疏散通道的位置，一旦发生火灾等紧急情况，能够迅速疏散逃生。

（2）周末促销活动较多，厂家在搭设展台时严禁占用疏散通道和安全出口，拉接电气线路应由专业电工实施，严禁违章使用大功率电器设备。

（3）严禁携带易燃易爆危险品进入公共场所，严禁在有火灾、爆炸危险的场所吸烟和使用明火。

（4）保证安全出口、疏散通道畅通，掌握一定的逃生知识和初起火灾的扑救技能。

（5）夜间是火灾高发时段，应安装24小时自动值守的无线火灾报警系统，并保证一旦发生火情系统可以正常向外拨打电话和发送短信。

项目 4 火灾事故

❓ 3. 公共场所火灾的逃生方法有哪些？

（1）利用疏散通道逃生

每个公共场所都按规定设有室内楼梯、室外楼梯，有的还设有自动扶梯、消防电梯等，发生火灾后，尤其是在初期火灾阶段，这些都是逃生的良好通道。在下楼梯时应抓住扶手，以免被人群撞倒。不要乘坐普通电梯逃生，因为发生火灾时，停电也时有发生，无法保证电梯的正常运行。

（2）自制器材逃生

公共场所是物资高度集中的场所，发生火灾后，可用于逃生的物资是比较多的。例如，毛巾、口罩浸湿后可制成防烟工具捂住口、鼻；利用绳索、布匹、床单、地毯、窗帘来开辟逃生通道；还可以利用各种机用皮带、消防水带、电缆线来开辟逃生通道；各种劳动保护用品，如安全帽、摩托车头盔、工作服等可以避免烧伤和坠落物资的砸伤。

（3）利用建筑物逃生

发生火灾时，若上述两种方法都无法逃生时，可利用落水管、房屋内外的突出部分和各种门、窗以及建筑物的避雷网（线）等进行逃生或转移到安全区域再寻找机会逃生。这种逃生方法利用时，既要大胆又要细心，特别是老、弱、病、妇、幼等人员，切不可盲目行事，否则容易发生伤亡。

（4）寻找避难场所

在无路可逃的情况下应积极寻找避难场所。例如，到室外阳台、楼房平顶等待救援；选择火势、烟雾难以蔓延的房间关好门窗，堵塞间隙；房间如有水源，要立刻将门、窗和各种可燃物浇湿，以阻止或减缓火势和烟雾的蔓延；无论白天或晚上，被困者都应大声呼救，不断发出各种呼救信号，以引起救援人员的注意，帮助自己脱困。

任务 4.4 逃生误区

火灾逃生是非常重要的安全意识和技能。无论是在家、学校、公共场所还是办公区域，都需要掌握正确的逃生知识并养成逃生意识。然而，在火灾逃生中，许多人存在着一些常见的误区。

任务 4.4 逃生误区

误区一：等待救援

很多人在火灾发生后，第一时间想到的逃生方法就是等待救援。然而，在火势扩大的情况下，等待救援会让情况变得更加危险。因此，在遇到火灾时，首先要及时寻找逃生出口，并尽快逃离火灾现场。如果遇到救援人员，当然可以向他们求助，但不能只寄希望于他们的及时到来。

误区二：过于强调材料的防火性能

很多人认为只要选择防火性能好的材料，就可以保证安全。然而，在大火烧毁整座建筑物的情况下，即使使用了防火性能好的材料，在火势扩大时也无法承受高温和烟雾的侵袭。因此，重点还是要在建筑设计过程中优化出口设置和逃生通道，确保危急时刻安全疏散的顺畅。

误区三：未定期检测逃生通道和设施

逃生通道和设施的正常使用是保障人员身体安全的重要环节，但很多人并不重视逃生通道和设施的定期检测，时常忽略通道内的清洁卫生。如果发现问题并及时解决，通过检测可以消除因逃生出口被堵塞或设计不合理等问题所造成的安全隐患，使逃生通道的顺畅得到保证，确保人员应有的安全。

误区四：逃生时随意开门（图 4-23）

一般情况下，烟雾是绝大多数火灾产生的直接危害，而这些烟雾往往是隐藏的杀手。因此，在逃离火灾现场时，不要随意开启房门或窗户，一旦门窗被打开，新鲜空气涌入的同时会导致大量烟气涌入，容易使人中毒、窒息而死亡。逃生时，需先注意门外的情况，戴好湿毛巾，捂住口鼻，安全出行。

图 4-23　误区四：逃生时随意开门

误区五：逃生时盲目疏散

有的人在火灾发生时情绪失控，慌不择路，这样不仅容易在混乱中发生摔倒、碰撞等安全问题，还可能错过正确的安全逃生出口，导致双重损失。因此应该采取有组织的方式，如优先处理老、弱、病、残人群等办法，有序疏散现场人员。

误区六：向光朝亮（图4-24）

紧急危险情况下，由于人的本能、生理、心理所决定，人们总是向着有光、明亮的方向逃生。而这时的火场中，由于绝大部分的电源已被切断或已造成短路、跳闸等，光亮之地正是"火魔"肆无忌惮地逞威之处。

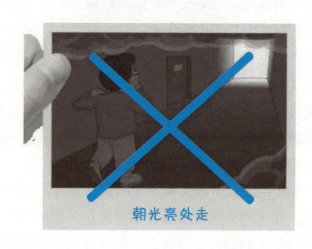

图4-24　误区六：向光朝亮

误区七：惯性思维

当高楼大厦发生火灾，特别是高楼层一旦失火，人们总是习惯性地认为：火是从下面往上燃烧的，越高越危险，越低越安全，只有尽快逃到一层，跑出室外，才有生的希望。殊不知，这时的下方楼层可能是一片火海，盲目地朝楼下逃生，岂不是自投火海？随着消防装备现代化水平的不断提高，在发生火灾时，如向下无路可逃时，有条件的可登上房顶或在房间内采取有效的防烟、防火措施后等待救援。这种惯性思维还表现在，发生火灾时人们只会朝经常使用的出入口和楼梯疏散，即使那里已挤成一团，还是争相夺路，不肯另寻出路。

误区八：使用普通电梯逃生（图4-25）

电梯的供电系统在火灾发生后随时都有可能断电导致人员被困，由于电梯井如烟囱般直通各楼层，有毒烟气会直接威胁被困人员的生命，所以，通常发生火灾时不能乘坐电梯。但是，并不是所有的电梯都不可乘坐。

在火灾中，不可乘坐普通电梯逃生，但如果是在高层建筑内，平时熟知消防专用电梯的位置，在确保安全或有专业人员指引的情况下，可乘坐消防专用电梯节约逃生时间。

图 4-25　误区八：使用普通电梯逃生

任务 4.5　案例分析

为了让同学们更深刻认识到宿舍防火安全的重要性，现把一些案例汇总起来，希望能给大家带来一些警示。

案例一：2022 年 4 月的一天，某大学一栋宿舍楼内突发火情。消防救援人员赶赴现场后发现，浓烟从起火宿舍不断涌出，经过努力扑救，明火被扑灭，所幸并无人员伤亡。经初步调查，起火原因为学生携带电动车电池回宿舍充电。

案例二：2022 年 11 月的一天，某学院女生宿舍楼突发大火，数个寝室剧烈燃烧，学生紧急逃生，幸好消防救援队及时赶到将大火扑灭。起火原因为宿舍床铺上的一台笔记本电脑爆炸，随后将被褥引燃。该事故未造成人员伤亡。

案例三：2023年2月某夜，某大学宿舍内突发火灾。消防救援人员赶赴现场后发现，浓烟从起火宿舍不断涌出，经过努力扑救，明火被扑灭，所幸暂无人员伤亡。经初步调查，起火原因是学生随意乱扔烟头，未熄灭的烟头引燃角落的垃圾，从而引发火灾。

从上面的案例中不难看出，大多数的事故都是由于学生们违规用火用电造成的，自己的一时疏忽所造成的后果不堪设想，所以再次提醒同学们一定要提高警惕，遵章守纪，坚决杜绝一切可能出现的隐患。

案例四：2024年2月某日凌晨，某小区发生火灾事故，造成15人不幸遇难，44人在院治疗。经初步分析，火灾为建筑地面架空层停放电动自行车处起火而引发，具体原因正在进一步调查。

案例五：2024年1月19日，某地消防救援大队指挥中心接到报警，当地一私立寄宿制学校宿舍发生火灾。消防救援大队组织救援力量迅速到达现场，40分钟内扑灭明火。现场是由一教室改造的宿舍，宿舍内当时住着30多名学生，事故造成13人遇难，1人受伤。经初步分析，怀疑是电热毯起火导致的事故发生。

电热毯质量参差不齐，又容易因为折踏损坏，或者同时使用的电热毯太多，超过电路负荷，导致电线着火引发火灾，并且宿舍都是易燃物，火势爆发很快，最终酿成惨剧。

中职学生是国家的未来和希望。保护国家、人民和公共财产的安全，保护他人和自身的安全，已成为新时代学生的神圣权利和义务。了解、学习和掌握防火知识，协助学校做好防火工作，减少和杜绝火灾事故的发生，保障人身和财产安全，是实现上述权利和义务的重要条件。如果火灾不断危及学生的人身和财产安全，又怎能顺利完成学习任务，继而担当起建设祖国的重任呢？因而，学习、掌握一些防火、灭火的基本道理和常识，对于维护学校和学生个人的生命安全，是十分必要的。

项目 5 网络诈骗及传销

随着互联网的发展，网络购物等新型的消费方式逐渐走进人们的生活中，坐在电脑前便可以完成购物、咨询、贷款、充值等各类服务。网络一方面为大家的生活提供了很多便利，但另一方面，随之而来的网络诈骗也层出不穷。近几年，不法分子们利用网络漏洞和人们的消费心理骗取钱财，造成受害者一定程度上的经济损失，同时也导致大量个人信息和隐私被曝光在网络中。因此，我们应加强个人信息保护，发展壮大群防群治力量，营造见义勇为的社会氛围，建设人人有责、人人尽责、人人享有的社会治理共同体，鼓励大家积极打击电信网络诈骗。

知识拓展

"国家反诈中心"APP（图 5-1）是由公安部刑事侦查局组织开发，旨在帮助用户维护电信网络安全，为用户建立电信网络涉案举报渠道；增强防范宣传，致力于构建良好的电信网络环境；坚决严密保护公民隐私安全，严格遵守《中华人民共和国网络安全法》及相关法律法规的规定，同时通过合理有效的信息安全技术及管理制度，防止用户信息泄露或被篡改，保证个人信息安全无虞。

图 5-1 "国家反诈中心"APP

"国家反诈中心"APP 含有三大板块，分别是"国家反诈""我要举报""报案助手"。

知识拓展

1. 上面有各种诈骗的方式方法，可以提前了解骗子的所有套路。
2. 可以学习面对各种诈骗时的处理方案和预防受骗的心理预警。
3. 通过手机对各种情况进行匿名举报，还可以保护用户的信息安全。

同时，APP还覆盖了很多专业的防骗战术以及诈骗案例，并通过全面的数据挖掘与比对，实现智能识别疑似诈骗电话、短信以及APP风险，并对风险行为预警及提示，有效封堵诈骗行为；结合实际使用场景帮助用户身份验证、支付风险核验；并开发了如全机检测查杀可疑APP、音视频录制、防骗评分等工具帮助用户有效提交线索、检测手机风险，可实现事前预警、事中干预、事后线索提供的防诈骗能力闭环，并紧跟新发案例不断更新防诈骗功能，积极打击电信网络诈骗（如图5-2所示）。

同学们，全国反诈预警电话96110一定要及时接听。同时，凡是提示"该电话来自国家反诈部门（图5-3）"的电话也请正常接听，谨防被骗。

中华人民共和国
反电信网络
诈骗法

图5-2 积极打击电信网络诈骗 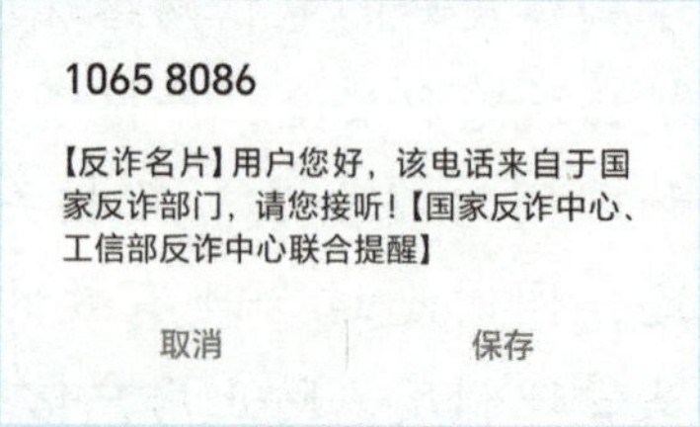　　　　图5-3 该电话来自国家反诈部门

任务 5.1　网络诈骗

案例警示：

案例一：2022年6月的一天，某职业院校学生陈某接到一个自称是淘宝客服打来的电话，称他前几日在淘宝网上购买的商品因为网络支付故障，需要退款给他，并且还以短信的形式将退款链接发到陈某的手机上。陈某心想前天的确在淘宝上购物过，所以也就没有多想，便点开了链接，根据网站提示输入了自己的银行卡号、支付密码、身份证号、短信验证码等信息。然而正当陈某开心之余，他收到了银行的余额短信提醒，显示卡内的8000元被转走了，余额只剩下32元。陈某立马回拨了所谓的"淘宝客服"电话，但是该号码再也无法接通，陈某这才意识到上当受骗了。

案例二：2023年7月的一天，王某某在家与国外留学的儿子打电话，儿子声称好友急需用钱请求帮助。王某担心被诈骗，随即要求与儿子视频，在确定是儿子且其所处位置是留学当地某医院后，按照儿子提供的银行卡号汇款10万元。之后与其儿子联系时发现受骗，遂向当地公安机关报案。接案后，公安机关立即组织开展调查，发现这是一个涉及国内多地、作案分工明确的诈骗团伙。其中，"网络操盘手"负责混入外国留学生QQ群，通过诱骗留学生与之聊天，并暗中发送木马病毒，盗窃其信息；被称作"车手"的人员则负责将骗到的资金落地取现。8月中旬，民警将犯罪嫌疑人廖某、磨某、张某等人抓获，当场缴获作案用银行卡300余张，诈骗金额达130余万元。

案例三：小李今年起开始在网络上购物，某日在一知名购物网站看到一款手机，价格低于市价很多，于是心动购买。在该网站客服的指导下，他向指定的银行账户打了1000元作为保证金。然而第二天，小李等来的却并不是货物，而是该网站送货员要求他继续打500元保证金才能发货。急于拿到货物的小李不得不再次打了500元过去。一天过去了，货物还是没有送到。该网站总经理亲自打电话过来，以货物被相关机构扣押为由让小李再打钱过去，等货物放行后一定送到。前前后后小李总共打了5000多元，本想总算可以拿到手机了，但从此该网站客服人员再也联系不上了。

案例反思：

近几年，电信网络诈骗犯罪发展迅猛。据统计，当前活跃在社会上的电信诈骗形式有几十种，有冒充公检法诈骗、QQ诈骗、冒充熟人诈骗、冒充黑社会诈骗、机票诈骗等。诈骗手段不断翻新，侵害的对象逐渐向特殊群体发展，在校的大中专院校学生安全意识淡薄，成为犯罪分子侵害的主要群体之一。

诈骗，是指以非法占有为目的、用虚构事实或隐瞒真相方法骗取款额较大的公私财物的行为。中职学生思想单纯、富有同情心，防范意识薄弱，诈骗分子往往抓住这一特点开展行动。另外，由于诈骗一般不使用暴力，而是在一派平静甚至愉快的气氛下进行的，受害者往往会降低防备，上当受骗。

社会环境千变万化，中职学生必须尽快适应环境，学会自我保护。要积极参加学校组织的法治和安全防范教育活动，多知道、多了解、多掌握一些防范诈骗知识，对于自己有百利而无一害。在保证自己安全的前提下，积极打击电信网络诈骗（图5-2）。

1. 中职学生上当受骗的事时有发生，究其原因，主要有以下几个方面：

（1）不加选择地结交朋友；

（2）缺乏社会生活经验和判别能力；

（3）疏于防范，这是中职学生上当受骗的主要原因；

（4）求人办事，成事心切，从而导致上当受骗。

2. 网络诈骗是以非法占有为目的，利用互联网采用虚拟事实或者隐瞒事实真相的方法，以各种各样的方式来骗取财物的行为。此类犯罪的主要行为、环节发生在互联网上，也是一种对网络空间里的信息进行盗用、滥用的行为。网络诈骗的常见特点如下：

（1）作案方法简单，犯罪成本低廉

由于网络发达，犯罪分子只要具备一定的计算机知识，就可以利用形形色色的软件和程序，简单快捷地完成虚构事实实施诈骗。例如，通过制作一些极具有诱惑的网站或网页信息，并通过某些软件和程序大范围地发布出去，诱惑他人上当受骗。

（2）作案手段隐蔽，打击处理困难

由于网络诈骗发生在虚拟世界中，使得其手法很难识破，并且传播手段迅捷、广泛。犯罪分子常常采用假身份证注册银行卡，异地接收汇款；使用专用作案手机，网络注册名称不一，且移动上网、流窜作案；诈骗行动后销毁相关网上证据、消失迅速、难寻踪迹。还可以注册另一虚拟身份和虚假信息。

（3）行骗面广，多采用异地行骗

犯罪分子一般采取广泛撒网的方式，只要少数人上钩就达到了目的。受害人上钩后，犯罪分子便巧设连环套，层层诈骗。由于互联网无边界的特性，犯罪分子往往选择异地行骗，受害人上钩后一般不会直接到异地找行骗人。即使到公安机关报案，公安机关办理异地案件的周期也较长，这就是犯罪分子选择异地行骗的缘故。

（4）网络诈骗犯罪链条产业化

由于我国网络诈骗犯罪呈现出地域产业化特点，在这些高危地区往往围绕某种诈骗手法形成了上下游产业链，且逐渐形成了一条成熟完整的地下产业链。

3. 网络诈骗犯罪手段日渐猖獗，花样不断翻新，许多骗子纷纷将目光转向涉世未深的学生群体。对学生而言，要学习一定的防范网络诈骗的基本知识，提高防范网络诈骗的基本能力。遇到实际问题，忌盲目，多思考，千万不要被某些假象所迷惑。目前，针对学生的网络诈骗主要有以下六类：

（1）利用QQ盗号和网络游戏交易进行诈骗

1）犯罪分子冒充QQ好友借钱

犯罪分子使用黑客程序破解用户密码，然后张冠李戴冒名顶替向事主的QQ好友借钱，如果对方没有识别则很容易上当。大家如果遇到类似情况一定要提高警惕，摸清对方的真实身份。需要特别当心的是一些冒充熟人的网络视频诈骗，犯罪分子通过盗取图像的方式用"视频"与事主聊天。遇上这种情况，最好先与朋友通过打电话等途径取得联系，以防止被骗。

2）网络游戏装备及游戏币交易诈骗

①犯罪分子利用某款网络游戏，进行游戏币及装备的买卖。在骗取玩家信任后，让玩家通过线下银行汇款的方式交易，待得到钱款后立即食言，不予交易。

②在游戏论坛上发布提供代练等信息，待得到玩家提供的汇款及游戏账

号后,代练一两天后连同账号一起侵吞。

③在交易账号时,虽提供了比较详细的资料,待玩家交易结束玩了几天后,账号就被盗用,造成玩家经济损失。

(2) AI换脸诈骗(图5-4)

图5-4 AI换脸诈骗

近几年有一个名词开始频繁出现在我们的日常生活中,它就是"AI",即人工智能。在日常生活中,看外语视频可以用手机AI字幕;去旅行有AI推荐地点和规划路线;在外吃饭写评语可以直接用AI生成;网购买衣服可以用AI进行试穿看看效果怎么样。可以这么说,AI的出现能帮助我们做到更多的事儿,从而实现省时省力的效果。然而,它既方便了我们也"方便"了犯罪分子。

犯罪分子用AI技术换脸来伪装成其他人。他们会利用AI技术,将他人的脸换成指定人的脸,冒充诈骗对象的亲人、朋友等重要关系人,通过合成视频或照片来"以假乱真",扰乱诈骗对象的视线进而实施诈骗。

AI诈骗常见的手法如下:

1) 声音合成

犯罪分子通过骚扰电话录音等来提取某人声音,获取素材后进行声音合成,从而可以用伪造的声音骗过对方。

2) AI换脸

人脸效果更易取得对方信任,犯罪分子用AI技术换脸,可以伪装成任何人，再通过视频方式进行信息确认。犯罪分子首先分析公众发布在网上的各类信息，根据所要实施的骗术，通过 AI 技术筛选目标人群。在视频通话中利用 AI 换脸来骗取受害人信任。

3）转发微信语音

犯罪分子在盗取微信号后，便向其好友"借钱"。他们会转发之前的语音，取得对方的信任，进而骗取钱款。尽管微信没有语音转发功能，但他们通过提取语音文件或安装非官方版本（插件），实现语音转发。

4）AI 程序筛选受害人

犯罪分子利用 AI 来分析公众发布在网上的各类信息，根据所要实施的骗术对人群进行筛选，在短时间内便可生产出定制化的诈骗脚本，从而实施精准诈骗。

（3）网络购物诈骗

网络购物诈骗（图 5-5）是指事主在互联网上购买商品发生的诈骗案件。其表现形式有下述 4 种情况：

1）多次汇款

犯罪分子以未收到货款或提出要汇款到一定数目方能将以前款项退还等各种理由，迫使事主多次汇款。

2）假链接、假网页

犯罪分子为事主提供虚假链接或网页，交易往往显示不成功，致使事主多次支付汇款。

图 5-5 网络购物诈骗

3）拒绝安全支付法

犯罪分子以种种理由拒绝使用网站的第三方安全支付工具，比如谎称"我自己的账户最近出现故障，不能用安全支付收款"或"不使用支付宝，因为要收手续费，可以再给你算便宜一些"等。

4）以次充好

不良商家用假冒、劣质、低廉的山寨产品冒充名牌商品，事主收货后连呼上当，叫苦不堪。

（4）网上中奖诈骗

网上中奖诈骗是指犯罪分子利用传播软件随意向互联网 QQ 用户、MSN 用户、邮箱用户、网络游戏用户、淘宝用户等发布中奖提示信息。当事主按照指定的"电话"或"网页"进行咨询查证时，犯罪分子便以中奖缴税等各种理由让事主一次次汇款，通常直到失去联系事主才发觉被骗。当用户登录 QQ 或打开邮箱时经常会收到一些来历不明的中奖提示，不管内容有多么逼真诱人，请千万不要相信，更不要按照所谓的咨询电话或网页进行查证，否则将一步步陷入骗局之中。

（5）"网络钓鱼"诈骗

"网络钓鱼"诈骗是犯罪分子利用欺骗性的电子邮件和伪造的互联网站进行的诈骗活动，获得受害人财务信息进而窃取资金。其作案手法有以下两种：

1）发送电子邮件，以虚假信息引诱用户受骗。不法分子发送大量欺诈性电子邮件，邮件多以中奖、顾问、对账等内容引诱用户在邮件中填入金融账号和密码。

2）不法分子通过设立假冒银行网站，当用户输入错误网址后，就会跳转进入该假冒网站。一旦用户输入账号、密码，这些信息就有可能被犯罪分子窃取，账户里的存款很可能被冒领。

（6）冒充国家机关进行诈骗

犯罪分子会用电话方式联系受害人，用严厉和斥责的口气恐吓谎称其涉及洗钱、触犯国家法律等案件，需要马上向检察机关或公安机关汇钱做保释，否则将会立刻被逮捕。很多人由于害怕便会选择马上汇款来确保自己安全，殊不知此时已中了犯罪分子的圈套。

知识拓展

"帮信罪"

"帮信罪"即帮助信息网络犯罪活动罪，是《中华人民共和国刑法修正案（九）》新增设的罪名。简单来说，就是指明知他人利用信息网络实施犯罪，还为其提供互联网接入、服务器托管、网络存储、通信传输等技术支持，或者提供广告推广、支付结算等帮助的行为。

"帮信罪"的后果是什么？

根据《刑法》及相关法律规定，构成"帮信罪"的，依法应处三年以下有期徒刑或者拘役，并处或者单处罚金，并可以依法宣告职业禁止或禁止令；同时构成其他犯罪的，依照处罚较重的规定定罪处罚；其行为如果尚未达到入罪标准的，也可以根据《中华人民共和国网络安全法》《中华人民共和国反电信网络诈骗法》等相关法规对其处以行政处罚，行政处罚后两年内再实施任何帮信行为，将直接认定为"情节严重"，依法定罪处罚。

同时，移交银行业、通信业监管部门，给予5年内暂停银行账户非柜面业务、支付账户所有业务，并不得开立新账户；只能保留1张电话卡，5年内不得办理新手机卡入网业务等惩戒措施。

任务 5.2 传销

传销以多种方式隐藏在我们的生活中，国家虽然大力打击但是依然无法杜绝，上当受骗者络绎不绝。传销不断改头换面让很多人防不胜防，微商的代理、校园的直销、非法集资等都是变相的传销，尤其是涉世未深的学生、年迈的老人以及家庭主妇等成为传销主要的对象。要如何有效规避和防范掉入传销陷阱，严厉打击传销组织和传销行为对于法律和社会都是亟待解决的问题。

1. 传销的三个基本特征（图 5-6）：

（1）入门费。是否需要认购商品或交纳费用取得加入资格或发展他人加入的资格，牟取非法利益；

（2）拉人头。是否需要发展他人成为自己的下线，并对发展的人员以其直接或间接滚动发展的人员数量为依据给付报酬；

（3）团队计酬。是否以直接或间接发展人员的销售业绩为依据计算报酬，牟取非法利益。

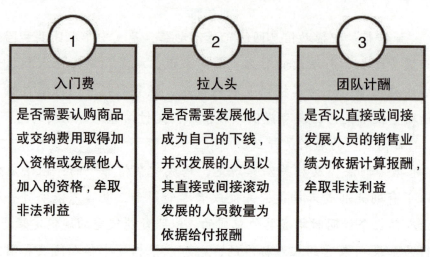

图 5-6　传销的三个基本特征

2. 传销的主要表现形式

（1）假借各种旗号（图 5-7），比如打着"国家扶持""有政府背景"等旗号，以"连锁销售""连锁加盟""创业投资""电子商务"等为幌子，用考察、旅游等方式，从事传销活动。

图 5-7　假借各种旗号

（2）借助销售保健品、化妆品等名义，实际上是利用拉人头，以人头数量计算报酬的传销骗局。

（3）打着"电子商务"的旗号，先注册一家电子商务企业，再以此名义建立一个电子商务网站，以"网购""网络营销""网络直购""网点加盟"等形式从事网络传销活动。

（4）以创业投资为由头，以"在家创业""网络创业""网络资本运作""网络投资""原始股投资""基金发售"为诱饵，欺骗、引诱年轻人上当。

（5）养老骗局。打着以"消费养老""以房养老""投资养老院"等名义，大量发展会员，欺骗善良的老年群体上当受骗，达到融资敛财的目的。

3. 如何防范非法传销？

（1）要保持警惕、抵抗诱惑。如果接到身在外地的亲人、亲戚、朋友、同学、同事以电话、微信、QQ等方式邀你前去合伙做生意、开发大项目，务必要弄清楚对方的真实状况，想想对方是否在从事传销，不要被其热情和许诺蒙蔽而轻易前往，切勿"贪小便宜吃大亏"。

（2）要多学习、多请教。了解国家的法律法规、经济政策等，多向有法律知识的人请教，向公安、市场监管部门咨询，多了解传销的一些惯用套路，帮助自己识别传销、远离传销。

（3）如发现自己被骗参与传销活动后，要注意收集证据。包括汇款账号、汇款凭证、交费收据、介绍人及更高级上线人员的姓名、电话等相关证据线索，将这些证据及时提供给相关部门，还可以保障自己的合法权益。

（4）如果你发现了传销行为，或你是传销活动的受害者，应积极收集有关线索信息。包括传销活动的详细地点、传销人员尤其是骨干人员的住所、传销方式、宣传材料等，并尽快举报。

任务 5.3 防范措施

面对现在日益猖獗的电信网络诈骗，中职学生需要采取一系列的防范和应对措施，以保护自己的财产和个人信息安全，同时提高对自身的警惕性。下面通过以下四个方面进行阐述：

1. 加强网络诈骗教育培训

学校要做好对学生预防电信网络诈骗的教育宣传活动，提高学生的警惕性和识别能力。首先，开设网络安全课程，让学生了解常见的网络诈骗手段和防范方法；其次，邀请专业人士给学生开展网络安全讲座，让学生通过实际案例认识到网络诈骗的危害性；第三，组织学生参加网络安全知识竞赛，提高学生对网络诈骗的警觉性和应对能力。

2. 加强个人信息保护

学生应时刻注意保护个人信息的安全。首先，不要在不可信的网站或应用程序上输入个人信息，特别是涉及财务和隐私方面的信息；其次，不要随意接受陌生人的好友申请或点击不明链接，防止被骗取个人信息；最后，定期修改密码，使用强密码，及时更新操作系统和应用程序的补丁程序，防止黑客攻击。

此外，学生还要培养良好的网络安全意识，不要随意在网络上泄露自己的个人信息，如生日、住址等。在社交媒体上也要慎重发布和分享个人信息，以免被不法分子利用。

3. 警惕骗局，提高识别能力

学生们应该积极下载"国家反诈中心"App，学习如何提高对网络诈骗的识别能力，学会辨别虚假信息和诈骗手段。了解常见的网络诈骗手法，如假冒购物网站、诱导转账、AI换脸等，以免上当受骗。

4. 及时报警求助，维护权益

如果不幸被网络诈骗所害，应及时报警求助，维护自己的合法权益。当发现被诈骗时，应立即联系学校、警方和银行等相关机构，报告和寻求协助。同时，妥善保留相关证据，如聊天记录、转账截图等，以便追究诈骗分子的法律责任。

除了维权外，学生还可以通过分享自己的经历和教训来提高其他同学对网络诈骗的认识和防范意识。通过加强学生间的互相教育和交流，可以形成良好的网络安全氛围，减少网络诈骗的发生。

知识拓展

防诈骗小口诀

陌生电话要警惕，可疑短信需注意；
中奖退税送便宜，哄你汇钱是目的；
暴利理财和投资，多是骗局莫搭理；
刷卡消费欠话费，细分真伪辨猫腻；
任凭骗术千万变，我自心中有主意；
不理不信不汇款，小心谨慎防万一。

任务 5.4 案例分析

当前电信网络诈骗犯罪手段花样越来越多、越来越隐蔽。一些不法分子利用中职学生心智不成熟、社会阅历不足等情况，以"高薪、高利"为诱饵，进行欺骗和利用，诱导中职学生成为犯罪"工具人"，沦为"帮信罪"主体。而个别年轻人，在明知出售、出租"两卡"是违法犯罪的情况下，仍参与其中，把逐梦青春变成"逐利青春"，令人惋惜。

> 案例一：2023 年 5 月，某地公安机关查获了某技工学校学生钟某天帮信案。他在学校宿舍内架设手机组网简易 GOIP 设备，帮助境外诈骗分子拨打语音电话实施诈骗。
>
> 据了解，钟某天邀约钟某龙从同学手中购买电话卡十余张，用于实施违法行为，共获利 4000 余元。初步查明，涉及非法开卡学生 13 名，涉案手机卡 17 张。主要组织人员钟某天和钟某龙被行政拘留并处罚款，其余开卡学生被惩戒。
>
> 案例二：2023 年 7 月，某地公安机关打掉一"帮助信息网络犯罪"团伙。该团伙涉案 42 人，均为在校学生及未成年人。该团伙通过手机搭建简易 GOIP 设备，帮助境外诈骗人员拨打诈骗电话 4000 余条，先后获利 15 万余元。
>
> 该团伙骨干成员林某（16 岁）、伊某（16 岁）、郭某（16 岁）均系伊宁市某中职院校学生，经马某（16 岁，系社会闲散人员）传授，从某 App 社交软件中添加了诈骗人员 QQ，学习并掌握了通过"手机口"拨打诈骗电话的具体操作步骤。此后，该团伙通过 QQ 与诈骗人员达成协议，通过拨打诈骗电话获取佣金实施犯罪活动。在巨额利益的诱惑面前，林某、伊某还发展其朋友于某、伊某等在校学生加入团伙，并继续发展下线。
>
> 目前，公安机关根据《刑法》第二百八十七条之二规定，以涉嫌帮助信息网络犯罪活动罪对林某、伊某、郭某依法刑事拘留。对其余涉案人员，依照《中华人民共和国反电信网络诈骗法》分别给予行政拘留、罚款等处罚。

项目 5
网络诈骗及传销

美梦终究是"泡影",行差踏错毁前程!请广大中职学生务必妥善保管银行卡、电话卡以及微信、QQ等网络社交软件,不要为了蝇头小利而帮助他人实施电信网络诈骗犯罪。同时也奉劝曾经参与过电信网络诈骗犯罪的在校学生等,及时改过自新,奋发努力,脚踏实地,算好人生账本,自警自励,自立自强,彻底远离电信网络诈骗犯罪,走稳走实人生路。

项目 6 网络信息安全

随着网络技术的迅猛发展，中职学生上网已经成为一个不可逆转的潮流。网络开阔了中职学生的视野，培养了创新意识，为他们的学习、生活带来了巨大的便利和乐趣，也为中职学生的发展提供了一个更自由的空间和更广阔的平台。但是，"网络是一把双刃剑"，它在给中职学生带来积极影响的同时，也带来了消极的影响。一部分中职学生过分沉迷于网络，陷入网络游戏、网络色情和网络聊天之中不能自拔，轻则影响学业，重则产生违纪、违法的行为。中职学生既是网络资源的使用者，同时也是网络负面影响的受害者。针对中职学生日益严峻的上网现状，如何在提升中职学生信息技术知识的同时，最大限度地消除其负面影响，已成为中等职业学校面临的一项紧迫的任务。

任务 6.1 网络游戏

案例警示：

2022年，初中一年级学生小军在疫情期间闲暇无聊，开始对网络游戏产生兴趣。每天放学后，他便捧着手机沉浸于虚拟的游戏世界，无暇顾及学业。父亲发现儿子沉迷于游戏，曾多次试图制止他，但都以失败告终。

父子俩之间因为沉迷游戏日渐疏远，父亲焦虑不安，试图通过教育和暴力来拯救儿子，然而这些努力却像是在无边黑暗中挣扎。

项目 6　网络信息安全

> 随着时间的推移，小军对学业的漠不关心使得成绩每况愈下，甚至跌至全班倒数。这令父亲火冒三丈，他不忍儿子荒废未来，愤怒之下斥责了小军。小军被激怒之下，冲动地逃离了家，来到天台永远地离开了这个世界。

丰富多彩的网络游戏世界，为广大青少年开阔视野提供了前所未有的便利条件，但同时也有危害青少年思想的一面（图6-1）。

中华人民共和国网络安全法

图 6-1　网络是一把"双刃剑"

当今社会，网络游戏已成为一种流行的娱乐方式，许多年轻人喜欢在空闲时间里玩游戏。然而，在一些学生看来，网络游戏并非一种纯粹的娱乐活动，而是一种消耗时间的工具，甚至会成为他们生活的重心。沉迷于游戏会对身心健康产生非常负面的影响，尤其是对于中职学生这个群体，可能会影响他们的学习、生活以及未来的职业发展。

 中职学生沉迷网络游戏的危害有哪些呢？

第一，网络游戏侵占了中职学生的学习时间。越来越多的中职学生沉溺于网络游戏。不仅浪费了无数父母的血汗钱，也白白耗费了自己本应用于学习的时间和精力。多少有才华的少年一旦被网络游戏"俘虏"后学习一落千丈，国家的宝贵人才就这么被毁掉了！

第二，有些网络游戏中存在大量低级、荒诞、赤裸地鼓吹利己主义、冷血拜金主义等内容，对正处在世界观形成关键阶段的中职学生散布精神"污染"，使他们失去理想，失去道德感，在极端情况下，甚至失去做人的起码准则。

第三，降低了中职学生的社会责任能力。中职学生一旦沉迷于网络，其意志、品质、自制力、交往能力变得更加脆弱，社会责任感也更加淡薄。

第四，长时间无节制地玩网络游戏对中职学生的身体健康是一种严重的摧残。长时间看着电脑屏幕，视力会受到极大的破坏，会感到眼花、眼干、眼涩、眼胀，严重的还可能导致角膜炎和视网膜脱落；长时间保持坐姿，会引发颈椎和腰椎病，破坏身体的运动能力和协调性；长时间玩网络游戏，大脑处于高度亢奋状态，又得不到休息，可能出现神经衰弱，体内激素水平失衡，使免疫力下降，更极端的情况可能会导致猝死。

任务 6.2　网络淫秽

互联网的高速发展给人们的生活带来便利，它不仅使人与人之间的沟通交流突破了身份、时空的限制，而且各种信息的获取和传播显得越来越方便容易。青少年作为网民的新生主力军，心智尚不成熟、自控能力较弱，很容易遭受互联网上大量色情、暴力信息的侵害。到底哪些属于网络淫秽信息，我们又该如何减少网络淫秽信息对自己的影响呢？

案例警示：

2023年4月，某公安机关网监处在工作中发现，某校园网上一个人的主页非法链接有境外的淫秽色情网站。经查，该主页为该校学生李某所有。他在网站主页某个栏目中提供境外"××下载""××图片"等淫秽色情链接内容，造成了极其恶劣的影响。经调查发现，李某利用学校分配给自己的校园网免费个人空间建立了个人主页，并在教育网一论坛上获取了相关境外淫秽色情网站的网址，然后链接在自己的个人主页上。依据《治安管理处罚条例》相关规定，对李某处以拘留十天、罚款2000元的治安处罚。

这起大学生利用校园网传播淫秽色情内容，事后居然还不知道自己已经违法的事件，着实令人震惊。目前，全国打击淫秽色情网站专项行动明确要求，对于建立淫秽网站、网页，提供涉及未成年人淫秽信息、利用青少年教育网络从事淫秽色情活动以及顶风作案、罪行严重的犯罪分子，坚决依法从重打击。

1. 网络淫秽有哪些不良影响？

（1）损害身心健康

1）精神健康。深夜浏览成人网站可能引发精神紧张、焦虑和失眠等问题。许多网站内容过于色情，让人沉迷于其中，无法自拔。此外，一些网站可能会传播不良信息或虚假信息，这些内容可能会影响个人的判断力和认知。

2）身体健康。长时间盯着手机或电脑屏幕会引发视觉疲劳，甚至可能导致视力下降。此外，长时间保持同一姿势看手机或电脑也可能对颈椎造成损害。

（2）隐私泄露和网络安全风险

1）隐私泄露。非法网站会收集用户的个人信息，如姓名、地址、电话号码等，并用于推送广告或诈骗。此外，如果你在网站上分享过多的个人信息，可能会被不法分子利用。

2）网络安全风险。非法网站可能存在病毒、木马等安全隐患，这些可能会窃取用户的个人信息，甚至控制其手机或电脑。此外，浏览非法网站本身可能会被网络警察或有关部门视为违法违规行为，可能面临法律风险。

（3）浪费时间和金钱

浏览这些非法网站可能会消耗大量时间和金钱。一方面，需要花费大量流量费用来下载或浏览这些网站内容；另一方面，如果沉迷于这些网站，会影响学习效率，导致时间浪费和金钱损失。

（4）社交隔离和家庭矛盾

经常浏览这些非法网站可能会影响与家人的交流和关系。如果沉迷于这些网站，可能会忽视家人和朋友的关心和需要，导致家庭矛盾和社交隔离。

 2. 传播网络淫秽信息如何定罪量刑？

根据《刑法》有关规定，传播淫秽的书刊、影片、音像、图片或者其他淫秽物品，情节严重的，处二年以下有期徒刑、拘役或者管制。组织播放淫秽的电影、录像等音像制品的，处三年以下有期徒刑、拘役或者管制，并处罚金；情节严重的，处三年以上十年以下有期徒刑，并处罚金。制作、复制淫秽的电影、录像等音像制品组织播放的，依照第二款的规定从重处罚。向不满十八周岁的未成年人传播淫秽物品的，从重处罚。

 3. 如何有效抵制网络色情淫秽？

（1）合理、适度使用手机，不沉迷于网络，将自己的注意力转移到学习上，转移到正常的体育运动中，转移到健康的交友方式上。

（2）不登录手机色情网站，不上传、不下载、不传播手机色情内容；如发现手机网络色情内容，应及时向网络管理部门举报。

（3）从自身做起，在思想上建立一道牢固防线，坚持自我约束，抵制网络色情的侵害，形成良好的道德品格、健康的心理素养和积极向上的文化情趣，从根本上提高自身抵御不良信息侵蚀的能力。手机和电脑设置色情信息自动屏蔽，减少此类内容对自己的刺激。

（4）空余时间培养自己健康良好的兴趣爱好，多和同学、朋友交流活动。而不要总选择独自一人在家上网或玩手机，独处之时特别容易控制不住自己去浏览色情低俗网站。

任务 6.3　文明上网

案例警示：

案例一：2023年11月的一天，网民郭某为博取群众眼球，达到涨粉丝的目的，在网络直播平台评论区编造"被绑架在山上，具体信息不详"的不实信息，造成不良社会影响。根据《治安管理处罚法》第二十五条第一项规定，当地公安机关依法对郭某作出行政拘留七日的处罚。

案例二：2023年4月以来，毕某为博取关注，在网络平台编造发布"符合立案要求却不立案""公安系统将重新立案调查"等多条涉及"江西胡鑫宇失踪事件"的谣言信息，扰乱社会公共秩序。当地公安机关依法调查，毕某某对违法行为供认不讳。随后公安机关依法对毕某某处以行政处罚，并对其发布谣言的网络账号采取关停措施。

提醒广大中职学生理智看待网络信息，不造谣、不信谣、不传谣，自觉抵制谣言信息。造谣、传谣均属违法行为，要承担相应法律责任。

互联网的兴起，潜移默化地影响着中职学生的生活和学习。网络作为一个信息量非常大的载体，学生可以通过它了解外面更广阔的天地，掌握更多的信息，简便、快捷地与世界各地的人们交流。在全国的基础教育改革中，把培养学生应用信息技术的能力放在重要位置，加快对信息人才的培养，迎接信息化发展对基础教育的挑战，是网络走进校园，网络更接近学生的又一有效的举措。据调查，青年人永远是新鲜事物的拥护者。他们上网主要是为了聊天、游戏、论坛、看电影等，也有人尝试建立网站、搞电子商务等。但在一项"为什么要上网"的调查中，中职学生上网主要集中在以下几个方面：聊天、玩游戏、看电影、看动画。中职学生上网的热情极度高涨，达到分秒必争的地步，但利用网络进行学习的却少之又少。

网络的过度使用，使中职学生对网络产生了强烈的依赖心理。特别是网络游戏中的冒险刺激、网络交友中的轻松自如、网络不健康内容中的新鲜诱惑等，使中职学生逐渐产生"网络成瘾症"，而对自己的主体生活失去兴趣、缺乏毅力、自控能力下降，从而导致学业荒废。

 中职学生应当如何做到文明上网呢？

1. 学校要教育帮助学生建立正确世界观、人生观、价值观，树立远大理想，把主要精力用在学习上，严于律己，自觉抵制网络的不良影响。

2. 要求广大学生上网要做到"三不"和"三上"：不进营业性网吧，不浏览色情网站，不沉迷网络游戏；科学上网、文明上网、绿色上网。正确处理上网与学习的关系，熟悉上网的安全通道。

3. 保存好自己的上网账户和密码。不得窃取他人口令、非法入侵他人计算机系统、阅读他人文件或电子邮件、滥用网络资源及蓄意传播制造其他恶作剧行为。

4. 不在网络上接收、制作、散布封建迷信、淫秽、色情、赌博、暴力、凶杀、恐怖等有害信息，不得浏览色情、暴力、不健康的网站网页。

5. 不得捏造或歪曲事实、散布谣言、诽谤他人、发布扰乱社会秩序的不良信息。

6. 要遵守《全国青少年网络文明公约》，争做网络文明先锋。

知识拓展

《文明上网自律公约》

自觉遵纪守法，倡导社会公德，促进绿色网络建设；
提倡先进文化，摒弃消极颓废，促进网络文明健康；
提倡自主创新，摒弃盗版剽窃，促进网络应用繁荣；
提倡互相尊重，摒弃造谣诽谤，促进网络和谐共处；
提倡诚实守信，摒弃弄虚作假，促进网络安全可信；
提倡社会关爱，摒弃低俗沉迷，促进少年健康成长；
提倡公平竞争，摒弃尔虞我诈，促进网络百花齐放；
提倡人人受益，消除数字鸿沟，促进信息资源共享。

2001年11月22日，共青团中央、教育部、文化部、国务院新闻办公室、全国青联、全国学联、全国少工委、中国青少年网络协会在人民大学联合召开网上发布大会，向社会正式发布《全国青少年网络文明公约》。

全国青少年网络文明公约

要善于网上学习，不浏览不良信息。
要诚实友好交流，不侮辱欺诈他人。
要增强自护意识，不随意约会网友。
要维护网络安全，不破坏网络秩序。
要有益身心健康，不沉溺虚拟时空。

任务 6.4　案例分析

案例一：

某职业院校学生李某在游戏群看到充值返利活动，随即联系客服，得知三日内向游戏平台充值 168 元即返利 150 元送 100 万游戏币；充值 688 元即返利 600 元送 1200 万游戏币；充值 1888 元即返利 1600 元送 8000 万游戏币，李某未经核实，分别对三个档次的活动进行充值，但均未得到返利，QQ 也被客服拉黑，最终被骗 2744 元。

手段揭秘：①通过非官方渠道双方达成"私人买卖共识"。②骗子引导玩家进行私下交易或进入指定游戏网站出售游戏币、装备、账号等。③"完成交易"显示钱已到账，但账户冻结无法提现。④对方主动联系称想要解冻账户，需要充值"保证金""解冻金"等，充值后，又不断以其他名义要求玩家反复充值。

案例分析：

　　游戏货币属于虚拟物品，网络购买更是存在极大风险隐患。不要轻信"低价充值"和"高价收购"等信息，网上交易一定要选择游戏官方渠道或授权的第三方平台进行操作。同时在玩游戏过程中要提高安全防范意识，切莫点击不明链接，做到不轻信、不转账、不透漏个人信息。要提高安全防范意识，不要在非官方渠道充值，一些所谓的充值返利网站，都是骗子精心设计的骗局。一旦发现被骗，要及时保存聊天记录、发布诈骗信息的网页等证据，立即报警。

案例二：

某高职学生王某在贴吧看到一个自称可办理考试证书的帖子。随后，王某便按照联系方式添加了对方微信。当日，王某就接到自称办理计算机二级合格证书、英语四级合格证书操作人"贾老师"打来的电话和发来的微信，对方要求王某缴纳 1000 元操作费、3000 元办证费、50 元寄递费、600 元订金。在王某一番诉苦博得贾某"同情"后，按照对方指示先通过微信转账订金，经商定事成再将剩余的操作费、办证费、寄递费一并转账。成功缴纳定金后，贾某瞬间将王某微信拉黑，此时王某拨打贾某的电话已处于关机状态。

案例分析：

在许多大学，取得计算机和英语等级证书，是学生顺利毕业以及尽快就业的前提。为了顺利拿到这些证书，一些大学生便四处寻找"捷径"。骗子正是利用学生这种急于求成的心理，将其引入设计好的瓮中。此类案件，嫌疑人主要通过打电话、发短信、网络传播等渠道，以办理各种合格证书为理由，向被害人收取各种手续费、服务费，大学生要警惕这些作案手法，提高警觉性，以正当的途径获取证书与奖励。

项目 7 食物中毒、传染性疾病及猝死

民以食为天,食以安为先。

根据世界卫生组织统计,全世界每年大约有数亿人因食物污染而患病,发病率高达 5%~10%。在我国,平均每年有近 5 万人因食物中毒而使健康受到伤害,每年因食物中毒死亡 300 多人。从这些数据可以看出食品安全对于人类健康的重要性。关爱生命,从"口"开始,中职学生必须时常关心食品卫生安全,保证自己的身心健康。

> **案例警示:**
>
> 2023 年 9 月 20 日,日本青森县八户市保健所接到多地联系,称多人在食用八户市吉田屋公司(图 7-1)的便当后出现呕吐、腹泻等症状。经调查,吉田屋公司生产的该批便当在日本东北地区及关东地区多家超市销售,已售出超 2200 余份。截至当地时间 2023 年 9 月 26 日,已有 394 人在食用该便当后出现食物中毒症状。卫生部门的调查显示,吉田屋公司的生产设施内没有检测到细菌或病毒,因此可能是处于高温的米饭在运输途中滋生了细菌。
>
>
>
> 图 7-1 吉田屋公司
>
> 此次购买吉田屋海鲜便当的消费者人数众多,已中招的超过 300 人,更是涉及 1 都 23 县。日本总共 47 个都道府县,而此次被波及的便有 23 个,其范围已经涵盖"近半个日本"。目前该公司已经停业整顿。

任务 7.1 食物中毒

食物中毒是常见的一种急性疾病,大多数食物中毒是由于细菌及其产生的毒素导致的。食物中毒的症状(图 7-2)有呕吐、腹痛、腹泻、脓血便、浑身乏力、脱水等,若未及时治疗,患者还可能会出现发热、昏迷,甚至休克等症状。

中华人民共和国食品安全法

图 7-2 食物中毒的症状

食物中毒的特点是潜伏期短,短时间内很多人同时发病,并很快形成高峰;临床表现相似,以急性胃肠炎症状多见;发病者均与某种食物有明确的联系,停止食用该种食物后,发病即停止;人与人之间不直接传染。常见食物中毒类别表,见表 7-1。

表 7-1 常见食物中毒类别表

分类		中毒原因	预防方法
细菌性食物中毒		吃了被细菌或其毒素污染的食物	1. 讲究卫生,防止细菌对食品的污染; 2. 易腐食品应该进行低温保藏以防食品腐败,已腐败的食物一律不能食用; 3. 外购熟食和隔顿饭菜应回锅蒸煮后,方可食用
非细菌性食物中毒	有毒动植物食物中毒	吃了本身含有有毒成分的动植物性食物或者吃了被真菌产生毒素污染过的食物	1. 禁止食用某些含有毒成分的动植物,如发芽的马铃薯; 2. 不可食用发霉变质食物
	化学性食物中毒	吃了混入有毒化学物质的食物(如农药及铅、汞等)	1. 严禁农药与食品同室存放; 2. 严禁将有毒化学物质带到寝室中,以防误食; 3. 不使用盛放或包装过有毒化学物质的容器来盛放和包装食品

一旦发生食物中毒事件，应启动突发卫生事件应急预案。对于学校或家庭来说，应注意以下几点：

1. 自我判断大体准则。在集体中，以多人发生（6人以上）、同餐、同一症状即为食物中毒事件（三者缺一不可）；在家庭中或少于6人时，以多数人出现同一症状来判断。

2. 如班级中出现多人（2人以上）同餐后出现同一症状，应报医务室。由医务人员调查、备案。

3. 立即停止供应可疑中毒食物。

4. 采用指压咽部等紧急催吐办法尽快排出毒物。

5. 如有腹痛、腹泻症状，应立即到有关医疗机构就诊。

6. 马上向所在地的卫生监督部门或疾病预防控制中心报告，同时注意保护好中毒现场，就地收集和就地封存一切可疑食品及其原料，禁止转移、销毁。

7. 配合卫生部门调查，落实卫生部门要求采取的各项措施。

8. 出现食物中毒事件，有关人员应配合相关部门进行调查，不得拒绝。在事件没有调查清楚之前，不得随意宣传。

9. 食物中毒后要紧急救治，如图7-3所示。

总之，饮食要卫生、健康、科学、安全。只有这样，才能提高自我保护的能力，做到"健康第一"。

图7-3 食物中毒后紧急救治方法

作为中职学生应当如何预防食物中毒呢？

1. 养成良好的卫生习惯。饭前便后要洗手，不良的个人卫生习惯会把致病菌从人体带到食物上去。比如说，手上沾有致病菌，再去拿食物，被污染的食物就会进入消化道，引发细菌性食物中毒。

2. 选择新鲜和安全的食品。购买食品时，要注意查看其感官性状，是否有腐败变质。尤其是对小食品，不要只看其花花绿绿的外表诱人，要查看其生产日期、保质期，是否有厂名、厂址等标识。不能买过期食品和没有厂名厂址的产品，否则，一旦出现质量问题无法追究。

3. 食品在食用前要彻底清洁。尤其是生吃的蔬菜瓜果要清洗干净；需加热的食物要加热彻底。如菜豆和豆浆含有皂苷等毒素，不彻底加热会引起中毒。

4. 尽量不吃剩饭菜。如需食用，应彻底加热。剩饭菜，剩的甜点心、牛奶等都是细菌的良好培养基，不彻底加热会引起细菌性食物中毒。

5. 不吃霉变的粮食、甘蔗、花生米，其中的霉菌毒素会引起中毒。

6. 警惕误食有毒有害物质引起中毒。装有消毒剂、杀虫剂或鼠药的容器使用后一定要妥善处理，防止用来喝水或误用而引起中毒。

7. 不到没有卫生许可证的小摊贩处购买食物。

8. 饮用符合卫生要求的饮用水。不喝生水或不洁净的水。

9. 提倡体育锻炼，增强机体免疫力，抵御细菌的侵袭。

只要从以上几个方面入手，认真学习食品卫生知识，掌握一些预防方法，提高自我保护意识，就能最大限度地减少食物中毒的风险，从而预防食物中毒，保证我们的身体健康。

知识拓展

肉毒杆菌（图7-4）是一种革兰阳性粗短杆菌，严格厌氧，有A～G共7种亚型，每种亚型都可产生一种剧毒的大分子外毒素，即肉毒毒素。这种毒素可引起人和动物发生以松弛性麻痹为主症的肉毒中毒，虽然并不常见，但却是一种致命的中毒性疾病。

知识拓展

肉毒杆菌为革兰阳性粗短杆菌，有鞭毛、无荚膜、产芽孢。芽孢呈椭圆形，比繁殖体宽，位于次极端，使细胞呈网球拍状。在普通固体培养基上，形成类圆形菌落，表面呈半透明、颗粒状、边缘不整齐、向外扩散、呈绒毛网状，且常常扩散成菌苔。在血平板上，出现与菌落几乎等大或者较大的溶血环。在卵黄琼脂培养基上，可产生脂酶，在菌落表面周围形成彩虹薄层。

中毒后会出现恶心、呕吐、腹泻等症状，随着中毒进展，还有可能会出现便秘、肠麻痹的症状；同时会伴随心脏疼痛、心率增快，严重的患者可能会出现心力衰竭的症状。

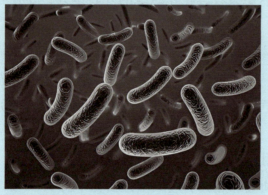

图 7-4　肉毒杆菌

任务 7.2　传染性疾病

疾病严重影响每个人的身心健康，会给人带来痛苦和负担，严重的疾病更可能危害人的生命，本任务从四季常见疾病入手，介绍不同季节容易发生的流感、传染病、肠胃疾病、中暑等疾病的特征、预防措施等，帮助中职学生树立预防疾病的意识。了解疾病危害，掌握预防疾病的基本方法，为中职学生的身体健康保驾护航。

案例警示：

2020年，某中职院校学生刘某，在校期间表现相当活跃，不仅作为班级的班长能够协助辅导员处理好班级事务。该生在2020年清明节前后因家中亲戚结婚，返回老家逗留几日，于清明节后返回学校。在回校当天夜里，该生剧烈咳嗽，伴有轻微咯血症状。同宿舍其他同学认为该生在家期间因参加婚宴饮食过多，导致身体不适，不以为意。但班主任在第二日了解情况后，认为病情并不简单，迅速带该生到就近医务室诊治，后因被查出疑似肺结核，迅速转院至当地传染病医院，至此确诊为肺结核，并确认具有一定传染性。

案例分析：

肺结核作为一种常见的传染病，在我们国家的《传染病防治法》当中它是属于乙类传染病。但并不是所有结核患者都具有传染性。一般来说，肺结核如果不是开放性的肺结核，通常是不会传染的。呼吸道传播是结核菌传染的主要途径。当肺结核患者咳嗽、打喷嚏、大声说话时，会把大量含有结核菌的微小痰沫排放至空气中，健康人吸入含有结核菌的痰沫，即会受到传染。

学校是人员比较密集、相对比较集中的地方，一旦出现传染性疾病会比较容易传播，给广大师生的工作和学习带来较大的影响。因此，我们有必要对四季常见的疾病及其预防措施有所了解。

1. 春季常见疾病及其预防

春季是疾病的多发季节，特别是传染性疾病。常见的传染性疾病包括：流行性感冒、水痘、流行性腮腺炎、风疹、结核病等。这些传染病大多是呼吸道传染病，可通过空气、短距离飞沫或接触呼吸道分泌物等途径传播。具体的防治方法如下：

（1）流行性感冒（图7-5）

流行性感冒简称流感，是由季节性流感病毒引起的急性呼吸道传染病。

传播途径：以空气飞沫直接传播为主。

主要症状：发热、全身酸痛、咽痛、咳嗽等症状。重症病例可出现肺炎、急性呼吸窘迫综合征、休克等多种并发症，严重者可导致死亡。

预防建议：①保持环境清洁和通风，必要时进行消毒；②使用流水勤洗手；③尽量减少到人群密集场所活动；④咳嗽或打喷嚏时，用纸巾、毛巾等遮住口鼻，随后洗手，尽量避免触摸眼睛、鼻或口；⑤接种疫苗，尤其是老年人、儿童、孕妇、慢性病患者和医务人员等流感高危人群。

图 7-5　流行性感冒

（2）水痘（图 7-6）

水痘是由水痘 – 带状疱疹病毒引起的急性传染病，主要经呼吸道飞沫和直接接触水痘疱疹液传播，也可通过被病毒污染的用具传播，如玩具、文具、门把手等。

传播途径：空气传播、水传播、饮食传播、接触传播、生物媒介等。

图 7-6　水痘

主要症状：该病传染性强，人群普遍易感，但多见于儿童，极易在学校内引起聚集发病。感染水痘病毒后，早期可出现发热、全身不适、乏力、咽痛等前驱症状；皮疹首先出现在头部和躯干，逐渐波及四肢，初为红色斑疹、后变为丘疹并发展为疱疹；疱疹后 1~2 天，疱疹从中心开始干枯结痂，周围皮肤红晕消失，再经数日痂皮脱落；同一部位常可见斑丘疹、水疱、结痂同时存在；如不出现并发症，可在 2 周左右自愈。

青少年和成人患水痘后出现重症水痘和并发症的风险高于儿童。接种水痘疫苗是最有效的预防措施。部分省市目前推荐适龄儿童按程序接种两剂水痘疫苗：满 18 月龄接种第 1 剂，满 4 岁接种第 2 剂。超过 4 岁但既往仅接种过 1 剂疫苗的儿童，建议补种第 2 剂疫苗。既往未患过水痘、未曾接种过疫苗的青少年和成人，如面临水痘病毒感染风险，也建议接种水痘疫苗。

预防建议：①发现自己或孩子出现发烧、出疹等不适症状时，应考虑去医院就诊明确病因；②就诊时请佩戴口罩。如确诊为水痘，应居家隔离治疗，防止传染他人；③隔离期直至水痘疱疹全部结痂为止。

（3）麻疹

麻疹是由麻疹病毒引起的急性呼吸道传染病，每年 3~5 月是麻疹的季节性发病高峰。

传播途径：麻疹是传染性最强的传染病之一，属于我国法定报告的乙类传染病。麻疹病人是唯一的传染源，病毒可经飞沫传播或直接接触感染者的鼻咽分泌物传播，人群普遍易感。在人员拥挤、空气不流通的学习及生活场所更容易实现传播。

主要症状：有发热、红色斑丘疹，并伴有咳嗽、流涕、流泪、畏光、咽痛、全身乏力等症状，个别病例还会伴有严重的并发症如肺炎。

预防建议：①增强自我防护，注意佩戴口罩，并尽量减少到人多拥挤、空气流通不畅的公共场所；②如果出现发烧、出疹、咳嗽等症状，应到医院诊治，就诊时请佩戴口罩。如果被医院诊断为麻疹，应根据医嘱做好治疗和隔离；③接种麻疹疫苗是最有效的预防措施。及时接种疫苗是保护儿童健康的关键，因此家长在当地疫情条件允许的情况下，与接种门诊电话沟通预约时间带孩子接种麻疹疫苗。

（4）风疹（图 7-7）

风疹是由风疹病毒引起的呼吸道传染疾病，春季高发，各类人群普遍易感。

传播途径：空气飞沫传播、日常的密切接触。

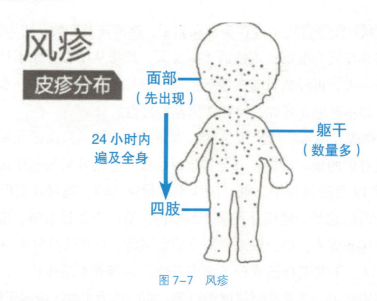

图 7-7 风疹

主要症状：感染病毒后，早期出现发热、咳嗽等症状，之后面部首先出现浅红色斑丘疹，迅速遍及全身。

儿童患病时通常病情轻微，但孕妇患风疹则可能导致胎儿死亡或者先天性缺陷，如先天性心脏病、白内障、耳聋等，即先天性风疹综合征。

防范控制：①管理传染源：发现风疹疑似或诊断病例应立即隔离，一般隔离至出疹后 5 天。②切断传播途径：室内要开窗通风，在呼吸道传染病流行季节，避免去公共场所，合理地调配营养，充分休息和足够睡眠。③接种风疹疫苗是最有效的预防措施。风疹免疫预防是控制风疹流行及其危害的最有效手段，应在儿童 1 岁以上接种第 1 针风疹活疫苗，入学时接种第 2 针麻腮风三联疫苗。接触风疹后也应接种疫苗，因为一次接触可能不引起感染，接触后接种能使将来接触时得到保护，并且风疹潜伏期接种亦无害处。

（5）结核病（图 7-8）

结核病在古代俗称"痨病"，是由结核分枝杆菌主要经呼吸道传播引发的全身性慢性传染病，其中以肺结核最为常见，也可侵犯脑膜、肠道、肾脏、骨头、卵巢、子宫等器官。

传播途径：活动期的排菌（也就是痰涂片阳性或者痰培养阳性）肺结核病人是主要的传染源；结核病的传播途径有呼吸道、消化道和皮肤黏膜接触，但主要通过呼吸道传播。

主要症状：结核病多为缓慢起病，长期伴有疲倦、午后低热、夜间盗汗、食欲不振、体重减轻等症状；严重的患者可伴有高热、畏寒、胸痛、呼吸困难、全身衰竭等表现；肺结核病人往往伴有咳嗽、咳痰，痰中可带血丝；结核分枝杆菌侵犯脑膜、肠道、肾脏、骨头、卵巢、子宫等器官，可伴有头痛、呕吐、意识障碍、消瘦、腹泻与便秘交替等症状。

防范措施：结核病的预防措施，包括接种结核疫苗、生活预防、加强锻炼等，已感染的患者要防止传染给他人。

1）接种卡介苗。结核病是由结核分枝杆菌引起的传染性疾病，一般在婴幼儿时期需要接种相应的疫苗，比如卡介苗，通过接种疫苗能够在机体产生相应的抗体，可以预防结核病的发生。

2）生活预防。结核病可以通过飞沫的方式进行传播，日常生活中要勤洗手，多通风，要少去人口较密集的地方，以此可以降低结核病的发生概率。

3）加强锻炼。平时要多参加户外运动，比如跑步、爬山、游泳等，通过运动能够增强自身的免疫功能，降低结核病的发生概率。

图 7-8　结核病

2. 夏季常见疾病及其预防

夏季温度较高，入伏以后空气中的湿气增大，而空气中含氧降低，会给心肺疾病或其他慢性疾病的患者造成不利影响。在高温，高湿环境中工作运动，人体消耗较大，大家应提高防范措施，预防疾病的发生。夏天是肠炎疾病、蜱传疾病、乙脑等多种疾病易发期。

（1）胃肠道疾病

常见病有急性肠炎、胃肠炎、痢疾、感染性腹泻等。胃肠道疾病是由细菌、病毒、寄生虫等病原微生物引起的以腹泻为主要症状的常见肠道传染病。病从口入，胃肠道疾病大多由于不良的饮食习惯，摄入不洁的饮食（如凉菜、变质的虾、蟹等）和水，导致细菌和病毒感染。

胃肠道疾病主要表现有腹泻、恶心、呕吐、腹痛、食欲不振等，是人们生活中常见的症状，迁延不愈可能会引起营养不良、贫血、身体抵抗力下降，严重的可能导致脱水，极个别病例甚至有生命危险。

预防措施：

1）注意饮用水卫生。高温可杀灭致病微生物，饮用水需煮沸后再饮用。

2）讲究食品卫生

①食物要生熟分开，避免交叉污染。

②吃剩的食物应及时储存在冰箱内，且储存时间不宜过长。冰箱低温只能延缓细菌生长，并不能灭菌，因此食物需要热透后再食用。

③尽量少食用容易携带致病菌的食物，如螺蛳、贝壳、螃蟹等水产品，尤其注意不要在流动路边摊吃海鲜，不要生吃、半生吃水产品。

④各种酱制品或熟肉制品在进食前，应重新加热。

⑤凉拌菜可加点醋和蒜。

3）培养良好的饮食卫生习惯

①注意手卫生，平时常洗手，饭前、便后要把手洗净。

②不暴饮暴食，不吃腐败、变质的食物，生食食物一定要洗净，尽量减少生冷食品的摄入。

③对于养宠物的家庭，一定要搞好宠物的卫生，同时要告诫孩子不要一边吃东西一边喂宠物。

④尽量减少与肠道传染病患者的接触，患者用过的餐具、水杯、便器、卧具等注意清洗消毒，避免疾病的传播。

⑤调节饮食结构，平衡膳食，合理营养，提高机体免疫力。加强身体锻炼，增强抵御疾病的能力，注意劳逸结合。根据气候变化，及时增减衣服，避免着凉感冒。

⑥衣服、用具勤洗勤换，注意居室通风，保持室内空气清新。

（2）蜱传疾病（图7-9）

蜱传疾病是由蜱虫叮咬传播的一类疾病，如蜱传出血热、斑疹伤寒、发热伴血小板减少综合征等。此类疾病主要通过蜱虫叮咬、直接接触病人血液或分泌液等体液感染。流行季节为每年的4～10月，其中6～8月为高发季。在丘陵、山区及森林等区域生活的居民，以及去这些地区户外活动的旅游者感染风险较高。

图7-9　蜱传疾病

预防措施：

1）野外劳作或活动时，避免在草地、树林等环境中长时间坐卧。

2）穿浅色、光滑衣服，扎紧裤腿或把裤腿塞进袜子或鞋子里，裸露的皮肤涂抹驱避剂。

3）户外游玩、劳作后尽快洗澡更换个人衣物，检查身体有无蜱虫叮咬痕迹。

4）生活在丘陵、山地、森林等地区居民，应当注意家居环境中游离蜱和饲养家畜身上附着蜱的清理和杀灭工作。

（3）流行性乙型脑炎

流行性乙型脑炎（简称乙脑）是由乙脑病毒引起的急性传染病。乙脑最主要传播途径是蚊虫叮咬（图7-10），而幼猪是乙脑最重要的传染源。

人对乙脑病毒普遍易感，被携带有乙脑病毒的蚊虫叮咬后大部分人不会出现明显的不适症状，呈现隐性感染，且会获得免疫力；

图7-10　乙脑最主要的传播途径是蚊虫叮咬

但当人体免疫力比较低，感染的乙脑病毒数量大、毒力强的时候，病毒就可侵犯中枢神经系统，引起脑实质病变，出现高热、意识障碍、抽搐、呼吸衰竭等症状，严重者会导致死亡。

预防措施：

1）接种乙脑疫苗

目前尚无特效的抗乙脑病毒治疗药物。乙脑患者临床症状重，治疗经济负担高，因此接种乙脑疫苗是最经济、最有效的手段。我国免费为儿童接种乙脑疫苗，成人可自费接种非免疫规划乙脑疫苗。目前有乙脑减毒活疫苗和乙脑灭活疫苗两种可供选择。

2）防虫灭蚊不放松

防蚊灭蚊不放松，日常要保持居住环境干净整洁，重点清扫卫生死角、积水，疏通下水道，喷洒消毒杀虫药水，减少蚊虫滋生；农村地区要重点消灭牲畜棚（特别是猪圈）的蚊虫；个人防止蚊虫叮咬可使用蚊帐、驱蚊剂等。

3. 秋冬季常见疾病及防护

秋冬季节气温比较低，是个多发疾病的季节，在注意保暖防寒的同时，也要注意预防秋冬常见疾病。

诺如病毒（图7-11）是人类杯状病毒科中诺如病毒属的一种病毒。是一种能够在全球范围内引起人和多种动物发生急性肠胃炎，导致严重腹泻的人畜共患病病原，也是一种重要的食源性疾病病原。诺如病毒的特点是变异快、环境抵抗力强、感染剂量低，感染后潜伏期短、排毒时间长、免疫保护时间短，且传播途径多样、全人群普遍易感。

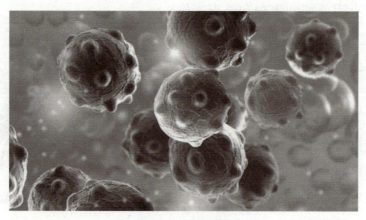

图7-11　诺如病毒

任务7.3 猝死

猝死是一种较为严重的疾病，其特点是突发性、紧急性，这种特点导致猝死发生时，无法预测判断，临床上多以心源性猝死居多。引起猝死的因素有很多种，如长期吸烟、喝酒、熬夜、使用不健康化妆品、缺乏体育锻炼等都可诱发猝死。所以在日常生活中要养成良好的生活作息，避免熬夜，坚持合理锻炼身体，这样可以减少猝死发生概率。

1. 吸烟的危害（图7-12）

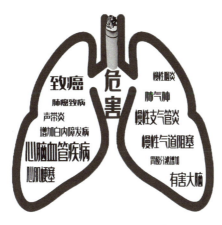

图7-12 吸烟的危害

吸烟有害健康，这是人人皆知的常识，就连香烟盒上也写着这样的警示语。可是，校园里正值青春年少的学生染上吸烟恶习的现象却有所增加。研究发现，近一半的长期使用烟草的烟民死于与吸烟有关的疾病，他们至少减寿10~15岁。有两个典型的例子可以说明此问题，英国一个长期吸烟的40岁健康男子，一夜吸了14支雪茄和40支香烟，第二天早晨感到异常难受，后经医生抢救无效死去；另一个例子，法国一个俱乐部举行吸烟比赛，优胜者在吸了60支烟后，尚未来得及领奖便当场死去，而其他参赛者也都因生命垂危被送到医院抢救。

同学们应该对香烟的危害性有正确、全面地认识，才能自觉抵制香烟的诱惑。

（1）烟草烟雾中的有害成分及其危害

吸烟者吸食香烟时，烟草在不完全燃烧的过程中发生一系列的化学反应，形成大量新的物质，其化学成分很复杂。从烟雾中分离出的有害成分高达

3000余种，其中主要有毒物质为尼古丁（烟碱）、焦油、一氧化碳、氢氰酸、氨及芳香化合物等。

吸烟产生的有毒物质很多，可以用图7-13直观地展示。

（2）中职学生应自觉抵制香烟的诱惑

《中华人民共和国未成年人保护法》明确规定，禁止向未成年人出售烟酒；2016年9月1日教育部颁布的《中等职业学校学生公约》中也明确要求，中职学生"不抽烟酗酒"。这是从身心健康方面关心、爱护中职学生。

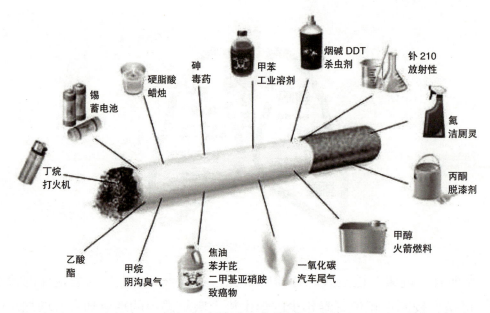

图7-13 吸烟产生的有毒物质很多

1）从生理上，中职学生仍处在长身体的青春期阶段，身体各器官系统还没有发育成熟，对香烟烟雾危害的抵抗力还比较弱，容易遭受香烟烟雾的伤害。据研究表明，青少年吸烟成瘾可能引起思维过程的严重退化和智力功能的损伤，严重的会导致思维中断和记忆力障碍；吸烟者的联想、记忆、想象、计算、辨认力、智力效能比不吸烟者降低10%左右，而且注意力难以集中。

2）从经济上，中职学生的首要任务是学习而不是赚钱，在经济上完全依赖于父母的支持，并不具备独立自主、自食其力的能力。吸烟的学生一旦发生"经济危机"，往往会采取一些非法的手段，如偷家里的或他人的烟与钱；有些学生甚至不惜抢劫、敲诈勒索，作出违法乱纪的行为。

3）从道德上，吸烟不但损害自身健康，还污染空气，给周围人群的身体造成危害。所以，在公共场所吸烟是很不道德的行为。

目前，青少年吸烟已成为我国一个不容忽视的社会问题。据调查，假设从15岁开始吸烟，每天平均吸5支香烟。按照我国公民平均寿命75岁计算，一个烟民将吸掉10万多支香烟。

同学们，如果不远离香烟，那么你一生中吸掉的香烟将对你的身体健康产生多大的伤害呢？世界卫生组织曾报告说：90%的肺癌、75%的肺气肿和25%的冠心病与吸烟或被动吸烟有关。所以，为了你和他人的健康，请自觉抵制香烟的诱惑吧！

2. 喝酒的危害

《中华人民共和国未成年人保护法》中规定，父母或其他监护人应当预防和制止未成年人吸烟、酗酒；《中华人民共和国预防未成年人犯罪法》中也规定，任何经营场所不得向未成年人出售烟酒。

中职学生正处于青春叛逆期，在这样一个生理、心理发育的特殊阶段，不正常的心理因素导致或助长了个别学生饮酒。但饮酒对身体和心理发育危害极大。

中职学生饮酒的六大危害：

（1）酒精会影响到中职学生的身体健康、学校功课或工作表现；影响到其处理愤怒、焦躁或沮丧等情绪感觉的能力；同时也影响到自己与家人、朋友沟通的能力。

（2）中职学生身体发育尚未完全，各器官功能尚不完备，对酒精的耐受力弱，肝脏处理酒精的能力差，因而更容易发生酒精中毒及脏器功能损害。长期饮酒还会引起营养和代谢失调，造成蛋白质、维生素及矿物质供应不足，损害牙齿、影响青少年的生长发育。

（3）酒精对人体中枢神经系统的危害最严重，它对中枢神经系统的作用是先兴奋后抑制。如果饮酒过多，就会出现脸红、乱说话、站立不稳以至醉倒、呕吐等状况；随后可能出现昏睡、面色苍白、血压下降，导致其陷入昏迷；严重的还可能引起呼吸困难、窒息，甚至造成酒精中毒死亡。中职学生由于视神经尚未发育完善，当酒精血浓度过高时，可引起严重视力减弱，甚至导致复视。酒精不仅能让神经反射的速度显著减慢，而且对脑细胞损害也相当大，对大脑发育极为不利，造成学习效率降低，或在体育比赛中难以创造出理想的成绩，甚至发生意外事故。

（4）长期饮酒会使人的身体系统对酒精产生依赖。如果在饮酒的同时因病服用了抗生素则会有生命危险。据调查表明，吸烟和饮酒行为往往互相作用，因为香烟中的尼古丁能溶于酒精，使人体内的尼古丁含量更高，危害也更大，而有这种习惯的人极容易患喉癌。

3. 熬夜对身体的危害（图7-14）

有些中职学生贪恋网络，经常熬夜玩手机、上网，而熬夜对人体的伤害非常大，能使年轻力壮的身体轰然倒塌。那么，熬夜到底有哪些危害呢？

（1）经常熬夜用手机或电脑看视频、聊天、玩游戏，是在超负荷用眼，形成"黑眼圈""大眼袋"。这不仅仅是对眼睛的表面伤害，更重要的是，长期熬夜及超负荷用眼会导致视力功能性减退，甚至导致白内障、失明等疾病。

（2）经常熬夜的人，会引起消化酶分泌规律的紊乱，影响了消化功能，进而导致腹胀、腹痛、食欲不振，便秘等症状。

图7-14 熬夜对身体的危害

（3）熬夜会导致人体生物钟紊乱，出现睡眠质量差、多梦易醒、神经衰弱等问题，严重的甚至会引发失眠疾病。

（4）熬夜会提高患癌风险。长期熬夜会导致人体内分泌功能紊乱，使得细胞代谢出现异常，导致细胞的突变，从而使患癌概率提高。

（5）肝脏是人体重要的"化工厂"，熬夜会影响肝脏功能，使人体代谢异常；长期熬夜会出现皮肤问题，如黑斑、痤疮等。

（6）损伤肠胃。熬夜剥夺了肠胃休息的机会，极易导致胃炎和肠胃消化不良等问题。尤其是有些人喜欢在熬夜的时候吃东西，会加重胃的负担，引起胃痛。

人体内有个生物钟，使人们遵循自然界的规律，"日出而作，日落而息"。现代医学也认为，晚上11时到第二天早上6时这段时间，是睡眠的"黄金7小时"。

4. 青少年化妆的危害

有一些中职学生已经开始使用化妆品，在假期或者在校上学期间偷偷把自己涂抹得"姹紫嫣红"，唇膏、眼影、指甲油等"十八般武器"悉数上场，更有甚者为彰显个性把自己的头发染得五颜六色。

让我们用科学的放大镜看看这美丽背后隐藏着何种危机，尤其是化妆品对青少年生长发育有哪些可怕的影响。

化妆品是日用化学产品，常见的添加剂有香料、防腐剂、色素、水溶性高分子化合物、表面活性剂、保湿剂、化妆品用药物等美白成分。这些特殊添加剂都可由表皮吸收，再到真皮，最后到皮下组织，当进入体内被氧化以后，会产生毒副作用进而损害人体器官。

某些化妆品中添加剂元素及其他化合物的含量可能已经超标，但是单凭我们的肉眼是很难看出来的，即使超标几万倍，闻起来也只会有点刺鼻。因此，长期使用此类化妆品，化学毒素就会在人体内形成蓄积，从而造成严重危害。其中最常见的是汞、铅、砷等重金属含量的超标。

（1）汞是唯一在常温下以液态形式存在的金属。由于它的特殊物理性质，表现出容易被生物体吸收的特点，常被用于各类美白祛斑产品。但汞含量超标对人体的危害是很大的，可能会导致色素脱失、皮肤刺激，导致皮肤损伤而造成体内的蓄积，从而引起肌体各种不良反应，最主要的就是对中枢神经系统的影响，如失眠乏力，记忆力减退，特别是情绪的变化非常明显。

（2）铅对青少年健康的危害远比成人严重。铅经青少年消化道的吸收率可达42%～53%，比成人高3～4倍。青少年摄入的铅大约只有66%可排出体外，约有1/3留在了体内。血液中铅含量过高会引发铅中毒，铅中毒不仅可以导致青少年多动、睡眠不良、精力不集中，而且还会造成智力低下及神经衰弱；另外，铅被吸收以后，消化系统也会出现便秘、食欲不振，甚至肝功能损害等症状。

（3）砷对蛋白质及多种氨基酸均具有很强的亲和力，如果吸收中毒会引起神经系统的改变，如手脚麻木、四肢无力、疼痛等症状；皮肤上可能还有黑斑，色素沉着。所谓黑斑，就是指皮肤的颜色由正常的颜色转为青灰色或者灰褐色。有些人接触不良的化妆品以后，皮肤逐渐变红变黑，这主要就是由于该化妆品中含有一些重金属等有害物质造成的；砷对皮肤还有另外一种危害，可以诱导皮肤发生肿瘤，砷中毒以后造成皮肤癌的发病率明显增高。

此外，汞、铅、砷还可能导致牙齿松动、牙龈萎缩以及肾脏损害等。

事实上，化妆品成分无论如何天然，或如何接近人体成分，对人体来讲，毕竟都是外来物。免疫系统正常的人，总会给予排斥，而当排斥功能亢进时则可发生所谓过敏反应。其表现为使用某化妆品几天以后，皮肤发红，出现一些小疹子，甚至水肿，严重时也可导致哮喘发作。尤其是对过敏体质或患有过敏性哮喘的学生确实是有百弊而无一利。严格地讲，任何化妆品都可能存在不同程度的不良反应，而过敏反应是其中最为常见和突出的。

任务7.4 案例分析

案例一：2021年9月，某中等职业院校自开学后一周内，有近200名学生出现呕吐、腹泻等症状，均被送医救治，目前都已经脱离了生命危险。经确认，学生的症状系由志贺氏菌感染引起的细菌性痢疾，并确定该校食堂员工张某为传染源。志贺氏菌是最为常见的病原菌，主要通过粪口途径传播，细菌通过受污染的食物、水、手等途径传播。志贺氏菌最常见的症状是腹泻、发烧、恶心、呕吐等。经常充分洗手，是预防志贺氏菌感染的最好方法。

案例二：2023年9月的一天，某中学70多名学生在吃了学校食堂提供的肉夹馍后，出现了呕吐、腹泻等疑似食物中毒的症状。根据初步的调查结果，学生食物中毒的原因可能是食堂提供的肉夹馍变质。为了节约成本，食堂使用了前一天剩下的肉馅和面饼制作肉夹馍，并没有进行充分的加热和消毒。在当天高温的情况下，这些食物在存放过程中可能滋生了大量细菌和有害物质，导致食用者出现了中毒反应。

案例分析：

上述案例中，作为提供学生饮食服务的单位，食堂应该把学生的健康放在首要考虑的位置。然而，在这起事件中，由于食堂的不良操作导致了学生的食物中毒。学校和食堂管理层应该对此次事件负起责任，并采取有效措施确保学生的安全和健康。同时，学校应该加强对食堂的监督和管理，确保食品安全。管理层应该增加食堂的经费投入，提高食物的质量和标准。学校还应该建立一个更加透明和公正的反馈机制，允许学生和家长提出意见和质疑，并及时解决问题。

食品安全和学生健康是每个家长和学校应该高度重视的问题。只有确保学生们的饮食安全，他们才能在一个健康、安全的环境下学习和成长。

项目 8 实训实习安全

我国职业教育的培养目标，是培养具有一定专业技能的熟练劳动者和各种实用人才。以此培养目标为指导的中等职教教学目标，必然是要培养大量具有实际动手能力、操作能力的生产、服务、经营、管理等一线专门技能型人才。那么，如何提高学生操作技能和综合职业能力呢？

要重视操作技能的形成过程。这一过程包含两个阶段：

1. 操作技能的认知阶段。这一阶段要激发学生的学习动机，认知所要学习的技能。在教师示范、言语描述和操作分析的基础上，使学生了解操作技能与各部分子技能之间的相互联系以及操作技能的关键点在哪里，从而理解整个操作技能的编制程序。学生在学习某项实际操作技能前，先要让他们了解操作的全过程以及全过程可分解成多少个简单动作，了解操作要求、操作的工具、工作方法和方式、操作过程如何自检、如何防止出错、如何注意安全等。例如，讲解锯割操作时，应让学生了解锯割操作的加工范围、锯条的选用和安装、起锯的方法、运锯的方式、运锯动作要领以及如何保证锯缝平直、防止锯条折断等。

2. 在技能的形成过程中练习是必不可少的。日常实训和顶岗实习是不可逾越的一道坎。中职学校培养的学生应能反映社会的需求，可以通过与企业合作办学，也可以使学校直接面向企业办学，以企业所需要的人才为专业设置依据，制定培养方案。在我国资源不十分丰富的情况下，加强中职学校与企业的合作，并与社会发展形成良好的互动关系，是发展中职教育的明智之举。中职学校应充分利用社会资源，节约办学成本，提高办学效率。让学生参加到企业的实际生产当中去，在真实的工作场景中辨别操作技能之间的细微差别，从而使学生的操作技能臻于熟练。

任务 8.1　实训安全

案例警示：

某高校一位女同学在车床实训（图8-1）时，因为实训中途要外出开会，便抱侥幸心理，没有戴安全帽。在操作时一根辫子不慎被车床丝杠绞了进去，她本人当即惊慌失措，出于本能用手紧紧抓住辫子拼命叫喊，幸亏不远处的指导教师眼疾手快，及时拉下总电闸才避免酿成大事。但由于丝杠旋转的惯性，该同学的头皮还是受了伤。

图 8-1　车床实训

案例分析：

该女同学因存在侥幸心理，没有遵守安全操作规程戴好安全帽，在操作时一不小心让辫子靠近旋转的丝杠。本案例中值得庆幸的是，指导教师及时发现并阻止了事件的恶化，否则该名女同学将会遭受重伤。

实训是中职学校学生学习过程中一个重要的环节，也是必要的环节。由于它与实际生产紧密结合，所以也就与安全生产密切相关。相对于理论教学环节来说，隐藏的安全问题要多得多。同学们在实训过程中必须具有安全意识，需注意以下安全事项：

1. 学生实训前必须按照实训指导教师的要求，认真学习相关知识，明确实训目的、意义、内容及实训要求，做好实训准备。

2. 进入实训场地必须按实训要求着装，操作前必须穿好工作服、戴好防护用品，头发较长的同学必须戴好工作帽；禁止穿裙子、短裤、背心、高跟鞋、凉鞋、拖鞋、戴围巾上岗操作。

3. 实训过程要集中精力，专心听讲，认真做好实训笔记，严格按要求实训，努力提高专业操作技能。

4. 学生在实训期间必须严格遵守作息时间和学院相关请假制度，不得迟到、早退和旷课。

5. 服从指导教师安排，在指定场地和工位上进行实训操作，不得串岗、离岗；严禁喧哗、打闹、吸烟，不得做与实训无关的事。

6. 严格遵守实训安全操作规程（图8-2）。必须在指定的设备上进行实训，未经实训指导教师允许，不得私自动用设备。

7. 注意设备操作及安全用电，不得擅自操作。未经允许，严禁操作电气开关，以防发生伤害事故或造成经济损失。

8. 爱护实训设备及工器具，保持工作场地整洁，用过的工、夹、量具要摆放整齐，丢失及非正常损坏的物品要按有关规定主动赔偿。

9. 实训完毕，学生应在教师指导下认真做好设备及实训室卫生，整理实训使用的工器具，按照实训管理规定摆回原处；关闭水电、门窗，若发现问题要及时报告实训指导教师，下课后经实训指导教师检验合格后方可离开实训场地。

10. 实训结束后，学生必须按实训指导教师要求认真完成实训作业和实训报告。

图8-2　实训要遵守规矩

安全提醒：

1. 实训室出口、走廊是安全通道，任何时候都应保持畅通；实训室配置的灭火器、消防砂、消防水带等供消防使用，任何部门或个人不能随便移动或挪作他用。

2. 实训室要保持整洁、安静，物品摆放要整齐、规范、科学，做好"四防、五关、一查"（"四防"是指防火、防盗、防破坏、防灾害事故；"五关"是指关门、关窗、关水、关电、关气；"一查"是指查仪器设备）。

3. 所有进入实训室的人员应服从实训室管理人员安排，采取必要安全措施，保证人身及仪器设备的安全。

4. 实训室的仪器设备，未经管理人员许可，任何人不得擅自开关、使用，以及移动实训室中的任何设备。

5. 不得将与实训无关的人员带入实验室。

6. 由于责任事故造成仪器设备的损坏，要追究使用人的责任。

任务 8.2　顶岗实习安全

顶岗实习（图 8-3），是指在基本上完成教学实习和学过大部分基础技术课之后，到专业对口的现场直接参与生产过程，综合运用本专业所学的知识和技能，以完成一定的生产任务，并进一步掌握操作技能，学习企业管理，养成正确劳动态度的一种实践性教学形式。

不同于普通实习实训，顶岗实习需要完全履行其岗位的全部职责。顶岗实习一般安排在学生在校学习的最后一年，这是符合教育规律的。中职学生在校经过一个理论知识准备的阶段之后，顶岗实习才会有意义。

案例警示：

　　2022 年 1 月，某职业学校与某钢结构公司签订顶岗实习集体合同，将学生李某安排在该公司实习。随后李某到公司报到并正式开始顶岗实习。2022 年 6 月，公司安排李某负责用液压机弯折钢筋。在经过岗前培训和安全培训后，李某跟随师傅开始操作。为了尽快完成任务去休息，李某未按照安全要求操作，在操作过程中出现失误，手不小心被液压机挤伤并挤断了三根手指。李某当即被送医救治，加上处理及时，成功续接了手指。

案例分析：

这个血淋淋的案例告诉广大中职学生，一定要进行安全生产。安全生产不仅是为了保障中职实习学生的身体健康，更是为了保障中职实习学生的生命安全。

图 8-3　顶岗实习

学生们在走向顶岗实习岗位后，身边没有了父母不休的唠叨和老师的殷殷叮咛，全靠自己独立地面对陌生的人、环境和社会。所以，教会他们该如何应对以及怎样确保自身安全就显得尤为迫切而必要。

1. 交通安全

当前中职学生交通安全意识普遍不强，主要体现在交通安全知识缺乏和交通安全意识淡薄两个方面。如何有效防范交通事故的发生，保证个人交通安全呢？

（1）学生要增强安全防范意识和自我保护能力，克服侥幸心理，在日常生活中牢固树立道路交通法治意识、防范意识，争做文明守法的交通参与者。

（2）上下班途中尽量乘坐公交、地铁等公共交通工具。若确因工作安排需要乘坐出租车等，要通过正规渠道打车，且务必提前设置好打车软件中的紧急联系人。

（3）女同学上下夜班必须两人以上同行，确保出行安全。

（4）步行、骑自行车时，一定要养成朝两边看的习惯，千万不可贸然横冲；需穿过马路时要走斑马线、天桥或地下通道，切记不要图省时而横穿马路。

2. 住宿安全

（1）财物安全

宿舍内尽量不放贵重物品，如有贵重物品最好锁在抽屉、柜子（箱子）里，手机、钱包等要随身携带；出入宿舍随手锁门，并妥善保管好房卡或钥匙，不要放在脚垫或门框上。

（2）用电安全

宿舍内不使用大功率及违禁电器，不私拉乱接电线；电吹风、手机充电器等使用后立即将插头拔出；台灯不要靠近枕头和被褥，养成人走关灯、断电的习惯。

（3）消防安全

1）宿舍内不放置易燃、易爆危险品，不乱堆杂物，及时打扫宿舍内卫生。

2）不在宿舍内吸烟，树立较强的消防安全意识和养成妥善处置烟头的习惯。

3）要牢记宿舍楼内墙上、门上、转弯处设置的"安全出口""紧急出口""安全通道"等疏散指示标志。一旦发生火灾，要按疏散指示标志方向迅速撤离。

4）火灾疏散时可以用浸湿的毛巾、口罩等捂住口鼻，以起到降温及过滤的作用；匍匐撤离，以防止烟雾中毒、预防窒息。

5）发生火灾时，要根据情况选择进入相对较为安全的楼梯或通道。千万要记住，高层建筑着火时，不要乘坐普通电梯逃生。

6）火灾时如果发现已经出不去了，要懂得固守待援；在等待救援的过程中，应通过大声呼救、挥动布条、敲击金属物品等方式引起救援人员的注意。

3. 社交安全

顶岗实习期间也是中职学生首次独立走向社会的第一次，离开了熟悉而单纯的校园环境，面对陌生而复杂的社会，如何确保自己在社会交往中的安全就显得尤为重要。

（1）洁身自好，不贪钱财，不要流连于酒吧、歌厅；

（2）保持距离，谨慎交友，防人之心不可无；

（3）外出或晚归，最好有人陪伴，或至少要向同学或朋友说明自己的去向。

4. 生产事故

顶岗实习期间，学生需要深入企业一线，了解企业的生产工艺流程、加工工艺和工厂管理相关知识等，其中可能存在一些安全隐患，容易引发各类人身伤害事故。为了确保安全，学生们应该努力做到以下几点：

（1）熟悉工作环境，远离高压区、变压器、地沟、管道和运行设备等危险区域；

（2）听从上级指挥与师傅指导，不准违章操作；

（3）操作各种设备时，注意力须高度集中；

（4）进入生产场所，须按照要求穿工作服、戴工作帽；

（5）女学生不得穿高跟鞋，长发不许外露；

（6）未经同意不得动用、调用非自由设备，如电闸、消防器材等；

（7）不准在生产场所嬉戏打闹、相互追逐或攀登设备。

任务 8.3　就业创业安全

中华人民共和国
劳动法

近年来，随着就业压力的不断增大，就业创业安全问题也越来越突出，各种陷阱层出不穷。一些"不正规"的职业中介让部分学生遭受经济损失，有些学生甚至误入传销组织，身心受到严重摧残。所以，广大中职学生要学会识别就业陷阱，自我防范，避免上当受骗，确保人身财产和个人信息的安全，实现平安就业创业。

1. 劳动关系要依靠《中华人民共和国劳动法》（图 8-4）

案例警示：

冯某于 2008 年 1 月进入某单位工作，担任后勤维修人员，双方签订无固定期限劳动合同。2013 年 1 月，该单位以冯某违反《设备定期检修巡查制度》为由，依据其《单位奖惩制度》，作出《关于对冯某违纪问题的处分决定》。同年 5 月 10 日，该单位向冯某送达《关于对冯某违纪事件的处理决定》和《解除劳动合同通知书》，决定与冯某解除劳动合同。冯某认为某单位的行为系违法解除劳动合同，遂提出仲裁请求，要求继续履行劳动合同。仲裁委员会审理后认为，依照相关法律规定，因用人单位做出开除、除名、辞退、解除劳动合同等决定发生的劳动争议，用人单位负举证责任；同时用人单位对其实行的规章制度是经民主程序产生及劳动者对该制度也负有举证责任；尤其是在与冯某解除劳动合同前应征求工会的意见。而本案中，用人单位并未征求工会意见。最终，仲裁委员会结合本案情况对冯某的仲裁请求予以支持。

图 8-4 劳动关系要依靠《中华人民共和国劳动法》

在求职就业过程中，容易发生与《中华人民共和国劳动法》（以下简称《劳动法》）相冲突的情形，造成劳动纠纷。具体包括以下一些原因：

（1）因确认劳动关系发生的争议；

（2）因订立、履行、变更、解除和终止劳动合同发生的争议；

（3）因除名、辞退和辞职、离职发生的争议；

（4）因工作时间、休息休假、社会保险、福利、培训以及劳动保护发生的争议；

（5）因劳动报酬、工伤医疗费、经济补偿或者赔偿金等发生的争议；

（6）法律法规规定的其他劳动争议。

 若入职公司的规章制度与《劳动法》有冲突怎么办？

（1）法律对待企业劳动规章制度的原则有三个：一是订立程序合法，二是内容不违反法律的强制性规定，三是已经向劳动者公示。只要符合这三项条件，企业的劳动规章制度就具有法律效力，企业与劳动者都应当严格遵守。

（2）《最高人民法院关于审理劳动争议案件适用法律若干问题的解释》

第十九条规定："用人单位根据《劳动法》第四条之规定，通过民主程序制定的规章制度，不违反国家法律、行政法规及政策规定，并已向劳动者公示的，可以作为人民法院审理劳动争议案件的依据。"

（3）按照上述规定，如果单位没有相关的规章制度，或者规章制度带有强制性的规定，订立程序也不一定合法，也就是说，该规章制度没有经职工代表审议通过，即其本身就不合法，那么劳动者就可以不执行。

所以当二者冲突时应以《劳动法》或其基本原则为准。

再次提醒各位中职毕业生，一定要与用人单位签署正式的劳动合同（图8-5）！

中华人民共和国
劳动合同法

图 8-5　签署正式的劳动合同

2. 警惕求职陷阱

求职常见陷阱有以下几个方面：

（1）异地求职

一些企业以在外地为由，要求应聘者前往企业所在地进行面试。待求职者到达后，便用各种借口诱骗求职者并将其带入非法组织，限制其人身自由。

防范提示：

1）在求职过程中要对各种就业实习陷阱以及传销行为始终保持高度的警惕，妥善保管好自己的银行卡及各种证件。

2）谨防诈骗和各类求职陷阱，警惕"黑中介""假兼职""培训贷"。

3）谨慎面对许诺优厚工作待遇的招聘；对暗示要出钱疏通，或直接向毕业生索取钱财找关系安排工作等情况,要设法拒绝,以防上当受骗。

4)不要随意单独外出面见招聘者,也不要贸然与招聘者在密闭房间单独会见。

（2）网上招聘

由于部分毕业生向往大城市的生活,但是又没有较多了解大城市企业的机会,因此很多企业开展网上招聘活动。毕业生们也接受这种招聘行为,毕竟网上招聘的机会比现场招聘多。

防范提示：

1)警惕利用证件信息办网贷。不要将证件信息轻易交付,特别是没有进行资质了解的公司企业。

2)遇到转账收费要注意。法律明确禁止用人单位以各种理由要求收费。

3)通过正规网站查找招聘信息。对面试企业的工商注册、企业信用情况进行简单的调查。

4)向周围的朋友、亲人、辅导员、学长学姐等寻求经验分享。

（3）求职面试

职场面试鱼龙混杂,很多求职者警惕性低,容易误入陷阱。

防范提示：

1)因双向选择的需要,大多招聘单位都要求与毕业生进行面试。应聘者应注意事先明确具体的面试时间和地点。接到面试通知时,要问清对方的办公地址和固定联系电话,若招聘单位只有手机号码作为联系方式时,应聘者要高度警惕,谨防上当受骗,切忌到不明确或存在安全隐患的地方进行面试。

2)正规的单位一般都有固定的办公场所,若招聘单位面试地点选择宾馆等临时租借来的地点,要仔细鉴别真伪。

3)事先要清楚告诉家人或同学面试的时间和地点,保持手机等联系方式的畅通；初次面试尽量不食用对方提供的点心或饮料,注意面试场地的外观与对外通道；注意观察面试者的言行举止,如有可疑行为应立即离开；如需缴交证件,只能交影印本而不应交原件。

3. 规避创业风险

案例警示：

2013年12月，某高校6名学生自筹资金20万元，在当地著名景区附近成立了一家餐饮公司。几人壮志雄心，发誓5年后要开到20家连锁店。第一家店还未开张，六位股东已经把目光放到了5年之后，一说到今后的打算，他们六位异口同声地说："当然是开分店啦！今年先把第一家店搞好，积累经验，再谈发展。我们准备两年内在成都开20家连锁店，到时候可以跟肯德基、麦当劳较量较量"。但由于不了解市场真正的需求、过于注重店面装修，再加上营销策略不全面，内部管理混乱，导致他们的公司不到4个月的时间就倒闭了。

案例分析：

该案例中这几位学生年轻，学习能力强，接受新鲜事物比较快。但是创业是一个系统化工程，并不是一次临时起意。要用可持续发展的观念来选择行业和项目，必须经过深入的市场调研，了解市场需求和客户的口味，再通过高质量的服务和产品才能在激烈的竞争中脱颖而出。

初次创业特别容易失败，那创业要做好哪些准备呢？

（1）充分调研，谨慎上马。无论是拥有高新尖端技术还是获得政府强有力的支持，开展一项投资创业，不能想当然凭意气用事，必须做好充分的市场调查和对项目前景认真分析，在多次论证、确定无误的基础上再进行。

（2）应对预案。信息时代外部环境不断变化，机遇稍纵即逝。在对创业项目进行充分论证后，对于创业后可能出现的风险要有正确的评估，对于可能出现的问题，要有应对措施。

（3）加强内部控制。大到万人工厂，小到一两人的便利店，进行创业时都必须建立管理机制，加强内部控制。

（4）风险分担。投资创业是一套系统工程，有条件的情况下，可以采用逐步扩大或者分散投资的方法，将鸡蛋放在几个篮子中，降低风险。

（5）诚信经营，防范信用风险。无论古今中外，诚实守信都是投资创业者必需的品质。在追求短期利益的基础上，要考虑长期发展，防范信用缺失带来的销售或者资金链条方面的风险。

（6）依法创业。法律是国家和社会对投资创业规范的准绳，创业必须在法律的框架内进行。一方面是创业本身，另一方面是与他人的协议、合作、融资等行为，都要依法进行。

任务 8.4 案例分析

案例一：小奎学的是汽车与摩托车维修专业，高三时来到一家汽车维修公司实习。公司给他安排了一个姓赵的师傅。但没过一个月小奎就通过QQ跟实习辅导员抱怨，说总是被赵师傅数落和训斥，比如他递扳手慢了一点就被赵师傅劈头盖脸地骂一顿；赵师傅吩咐他拆装机器时，总是讲解得很快，有时候他听得糊里糊涂就开始拆装了，但只要稍有差错，就又会挨一顿骂。被骂的小奎没有了信心，从小到大没有人这样骂过他，于是有了离职的念头，就算不学这门技术也不要受这份委屈。同时小奎也提到不仅是他，其他同学或多或少都遭受过师傅的责骂。

案例分析：

与上级或者同事发生矛盾，是实习过程中常见的问题之一。学生初入社会，不论是技能、心态都还不能适应工作岗位的需要，工作中出差错开小差是常有的事情。这个时候上级或者师傅就是培训的老师了，有些师傅很擅长培训，耐心委婉，让人容易接受；而有些师傅可能就没那么有耐心，脾气比较暴躁，性格比较急躁，责备就比较多，这就需要下属主动去适应。上下属关系是企业中最重要的人际关系之一，处理好这个关系，得到上级的赏识，才会学到真正的知识与技能，获得更大的发展空间。在与上级相处时要注意以下几点：

1. 虚心求教，认真听讲，把上级交代的事情记清楚，领会到。做好自己的工作，多琢磨，多练习，提高效率，避免出错。只有在业务技能上过硬了，上级挑刺的机会才会减少，批评责骂也会相应减少。

项目 8
实训实习安全

2. 转变观念。上级或师傅给我们传授知识和技能，相当于我们的老师，要用感恩的心态面对他们。"凶"意味着严，严师才能出高徒。一个技术过硬，要求严厉的师傅会让你受益匪浅。被上级批评，不要轻易为自己找理由辩护，而是应该反思自己存在的不足，虚心请教如何才能做得更好。

3. 尊重上级，主动沟通。与上级沟通"礼"比"理"更重要。"礼"即礼貌，比如当上级布置任务时，应该积极地回应，且精神饱满地来到上级面前，认真听取记录上级交代的任务，而不是默不作声，比较消极地接受任务。同时争取多与上级交流，让上级熟悉自己了解自己，取得上级的信任。

案例二：小高是维修电工专业的学生，在校期间考取了电工上岗证和维修电工中级证，专业技能方面较为突出。高三时小高来到某通信工程安装公司实习，这本来是很多同学羡慕不已的岗位。可没到一个月小高就离职了，原因是工程安装每天都要跑工地，整天日晒雨淋，小高吃不了那份苦。之后，学校又将其推荐到某酒店实习，岗位是电工。然而不到半个月，小高又辞职不干了，他说酒店的要求太苛刻，试用期要先跟师傅学习三个月，每个月仅500元，试用期太长工资又低；而且每天上班 8 个小时太久了，还要上夜班，没有自由；师傅要求太挑剔，一有点失误就会被责骂等等。于是学校只好同意其本人自己选择实习单位。此后，小高做过家电销售员、服务员等工作，但每份工作都不超过一个月，现在在家待岗。

案例分析：

长期的学校学习生活，使"学生"的角色在学生的头脑中根深蒂固，一旦离开学校走向实习岗位往往会不适应。加上有些学生对顶岗实习的重要性认识不足，认为只是走过场，对学业毫无帮助；或者有一些学生认为自己只是企业的"廉价劳动力"；还有些学生因为上班时间长，公司的规章制度太严格，工作环境不如自己所愿，工作太辛苦而无法忍受。这些因素直接影响到学生的实习态度和责任感，导致学生经常离职的现象出现。

案例三：某学校机电专业小王等 5 位同学到某知名房地产公司下属的物业公司实习。经过一周的岗前培训后，公司将他们安排到某新建成的大型楼盘从事物业水电技术员工作，负责为业主更换和维修损坏的水电设备及水电线路中的故障。由于该楼盘正处在交房时期，业主在检查毛坯房过程中对水电线路有很多不满意的地方，有些业主嫌所用材料质量差，有些业主说水电走线不合理，有些业主说水电设备安装位置不符合他们的使用习惯。整个楼盘几百个业主，每个业主都有不下十个问题，导致小王等人措手不及，只能认真地记录下每个业主的问题并向公司请示后进行处理。由于人手太少，业主人数及存在的问题太多，难免不能及时给每个业主进行处理，于是有些业主就打电话或者来到公司进行投诉，某些激进一点的业主更是开口骂人："一点小问题反映好几天都没有人来处理，我们的物业费是白交了！""干不来就换人，你们那帮水电工都是一群小孩，让人不放心。"这些话对小王他们的打击很大，加上又是新手，工作过程中出现偏差在所难免，可有些不理解的业主总是通过各种方式表达对他们的不满，导致其压力很大。其中有一个同学因为受不了委屈，跟业主吵了起来后辞职不干了，于是其他人也开始有了想离职的念头。

案例分析：

学生初入社会，有的只是在学校掌握的理论知识和技能，感受到的只是父母的呵护、老师较为温和的对待方式，而社会并没有他们想象得那么美好，一旦遭受挫折或逆境，特别是遭受批评和指责，大多学生不能承受。物业水电技术员属于服务行业的范畴，服务行业就是要以良好的服务让客户满意。

1. 树立"客户总是对的"的观念，不与客户争辩对错，不为自己辩护，更不要与客户争执。客户不论以什么理由投诉，即便是无理取闹，都要心平气和地与客户交流，凡事从客户的角度去思考问题，替客户着想，这样才能够取得客户的谅解。

2. 实习辅导员要适时调整学生的心态。让他们抱着积极的态度去面对问题，凡事都有正面的效应，不要只看到负面的东西。问题来不及解决是存在客观原因的，而不一定是自己造成的，自己已经尽力去工作了就问心无愧。工作过程中存在偏差主要是由于工作经验不足，积累经验下次加以改正，这也是一个学习和积累的过程。

3. 让学生多向有经验的老员工学习，提高自身的技术和业务水平。这是避免出差错的最好方法。只有有较高的业务水平、良好的沟通能力、阳光的心态以及较好的服务质量，才能够取得客户的认可。

项目 9 心理健康

中职学生这个阶段，生理和心理都会发生急剧变化。如果在这一阶段遇到心理问题，没有解决好，就可能影响今后的一系列发展，本应无忧的年纪，也可能会从此蒙上阴影。

知识拓展

国家心理健康和精神卫生防治中心LOGO（图9-1）内部主体是一双手托起一颗心的造型，体现国家心理健康和精神卫生防治中心在国家卫生健康委的领导下，坚决贯彻落实党中央、国务院决策部署，聚焦主责主业，立足"当好参谋助手、引领行业发展、整合资源平台、提供优质服务"的核心职能，发挥对心理健康和精神卫生防治工作的技术支持作用，促进全国心理健康和精神卫生防治体系不断健全，提升国民心理健康素养，培育良好社会心态，守护人民健康，维护社会安定，全面推进健康中国、平安中国、幸福中国建设。从颜色设计来看，红色代表着"阳光"，绿色代表着"希望"。从造型设计来看，上方为"腾飞心形"图案和"笑脸"造型，寓意"开心快乐，积极向上"。心形上部构成字母"M"，下部与绿丝带（中国精神卫生标识）缠绕构成字母"H"，为Mental Health（心理健康或精神卫生）的首字母。下方为"托举手形"图案和"春苗"造型，寓意"积极行动，支持护佑"。一双手构成一对字母"S"，为Social Services（社会服务）的首字母。

知识拓展

该LOGO整体上反映出"积极倡导社会服务,支持护佑心理健康"的职责理念和"创新、协调、绿色、开放、共享"的新发展理念。

图9-1 国家心理健康和精神卫生防治中心LOGO

任务9.1 中职学生的心理特点

案例警示:

案例一:张某(16岁)是河南省某职业学校的学生,小时候因父母离异,自幼跟爸爸和奶奶一起生活。上学后除了要生活费基本上不与父亲沟通,即使家人打来电话,一般也是以争吵结束。张某平时容易发脾气,总感到别人在欺负他,一点小事就斤斤计较。班主任的批评教育,不但不能说服他,反而使他认为自己是正确的。有一次,寝室同学李某不小心拿错了杯子,张某便很生气,随手拿起书本砸向李某,导致李某受伤。

案例二:小明(15岁)是河北省某职业学校的学生,父母常年外出打工,属于留守儿童。小明平时喜欢上网打游戏,从不主动给父母打电话,经常邀约朋友一起吃饭喝酒。上课不是打瞌睡就是找同学说话,经常迟到、早退,偶尔还旷课。班主任老师对其批评教育无数次,收效甚微。一天,小明到食堂打饭插队被学生会同学小王发现,当场指责了小明。小明觉得当众伤了自己的脸面,回到寝室便邀约同学冲进小王寝室,将小王打伤。

案例分析：

案例一中16岁的张某长期不与父母生活在一起，极度缺乏安全感。本身正处于身心发育时期，情绪欠稳定，再加上意志薄弱，很容易情绪失控和冲动，对周围人产生戒备和敌对心理。这种敌对心理的一个重要表现就是攻击行为。张某总感到别人在欺负他，一点小事就斤斤计较，对教师、监护人、亲友的管教和批评也易于产生较强的逆反心理，严重者往往还有暴力倾向。情绪失控、容易冲动是离异家庭孩子常见的心理问题，张某应重视自己的心理问题，经常提醒自己遇事一定要冷静；加强体育锻炼，培养宽容豁达的人格品质；父母离婚已成事实，应主动接受，善待亲人。

案例二中小明是留守儿童，内心可能认为家里穷，父母没能耐，才会出去打工挣钱，由此产生怨恨情绪和偏激想法。因此不与父母沟通，导致情感隔膜。年仅15岁的小明尚未树立正确的人生观、价值观，对未来感到茫然。因此其进取心不强，纪律涣散，再加上家里无人辅导，学习成绩较差，逐渐放飞自我，开始迟到、早退甚至旷课。而过早地进入社会，沾染不良习气，拉帮结派，缺乏组织纪律观念。小明的行为属于留守儿童心理问题之一：认知偏差，内心迷茫。小明应正视家庭的贫困和父母的远离，勤奋学习技能，改变家庭现状。

中职学生处于青少年心理发展的关键时期，这一阶段的心理变化与身心的成熟过程密切相关。青少年时期是个体从儿童向成人过渡的重要阶段。在青少年的成长过程中，这一阶段处于青春期的中后期，他们的心理特点复杂多变，受到生理变化、认知发展和社会环境的共同影响。了解和分析这一群体的心理特点，对于促进他们的健康成长、提升教育质量具有重要意义。这一时期的心理特征主要表现为以下几点：

解析中职学生的心理世界

1. 自我意识的觉醒与发展

中职学生正处于自我意识逐渐觉醒的阶段。他们开始更加关注自我形象，对自己的身体、能力和社会地位有了更为深刻的认识。这一时期，他们可能会表现出较强的自尊心和自信心，同时也可能因为对自身不足的认识而产生自卑感。应当鼓励他们正视自我，树立积极的自我形象，帮助他们建立合理的自我评价体系。

2. 情感波动与人际交往

青春期的情感波动是中职学生心理特点的一大特色。他们的情绪可能会因为学业压力、人际关系或是生理变化而变得不稳定。在人际交往方面，中职学生开始寻求独立，渴望与同龄人建立深厚的友谊，同时也可能因为缺乏经验而在处理人际关系时遇到困难。因此，提供稳定的情感支持和有效的沟通技巧培训对他们来说至关重要。

3. 职业意识的形成与探索

中职教育的核心在于职业技能的培养，这要求中职学生形成明确的职业意识。在这一阶段，学生开始对自己的未来职业进行探索和规划，他们的职业兴趣和价值观逐渐明确。然而，由于缺乏实际工作经验，他们对职业世界的认知可能存在一定的理想化倾向。学校应通过实习、职业指导等方式，帮助学生建立现实而积极的职业观。

4. 认知能力的发展与挑战

中职学生的认知能力在不断发展，他们的思维逐渐从具体转向抽象，能够处理更复杂的问题。但同时，他们也面临着学业上的挑战，尤其是在理论知识的学习上可能会感到困难。老师们需要采取多样化的教学方法，激发学生的学习兴趣，提高他们的学习效率。

5. 独立性与责任感的培养

随着年龄的增长，中职学生开始追求更高的独立性，他们希望能够在学习、生活等方面自主决策。同时，他们也在学习承担更多的责任。学校和家庭应当给予适当的自由度，让他们在实践中学会自我管理和解决问题的能力。

在这一阶段，中职学生经历着身体的迅速变化和心理的深刻转变，这些变化为他们的自我探索和社会适应提供了土壤。然而，这一过程也伴随着挑战，例如对未来的焦虑、对身份的探索和对社会期待的适应。他们在追求独立的同时，也面临着对安全感和归属感的需求。中职学生的心理发展与其年龄特征紧密相连。这一年龄段的学生通常处于青春期后期到成年初期，这是一个从依赖向自立转变的过程。在这一过程中，中职学生的心理特征表现为对自我认识的深化、对人际关系的重新评估以及对社会角色的探索。他们开始形成自己的价值观和人生观，同时也在学习如何在社会中独立生存和发展。对于中职学生来说，这是一个充满挑战但又极具潜力的阶段，他们在这个阶段所获得的心理成熟将为其未来的个人和职业生涯奠定基础。中职学生的心理发展特点不仅涵盖了从儿童向成人转变的心理和生理变化，也包括了对个人身份、社会角色和未来规划的探索，是一个多维度、动态发展的综合体。理解这些心理特点对于教育工作者和家长来说至关重要，因为这有助于他们更好地理解学生的需求，从而提供更加有效和适宜的指导与支持。通过关注中职学生的心理健康，不仅能够帮助他们顺利度过青春期的挑战，还能够为他们的未来发展奠定坚实的基础。

知识拓展

心理健康的标志有哪些呢？

1. 情绪稳定，积极向上

人的心理是通过各种活动形成和发展的，也通过日常活动表现出来。健康的心理表现为情绪稳定，积极向上，没有不必要的紧张感，主要的精力都放在工作、学习和生活中。

2. 心境轻松愉快

尽管人的心境难免有变化，但是，心理健康的人心境的基调是轻松愉快的。这种人会工作，会生活，并且从中得到乐趣。可以这样说，人的心境就是一把生命之火，心境越好，生命之火燃烧得就越旺盛；反之则很危险。

3. 适应能力强

心理健康者能加强对自身和客观环境的改造，能适应生存的需要。适应，是个体为满足生存的需要而和周围环境发生的调节作用。心理健康的人能够保持自身和客观环境保持和谐统一，对生活中出现的各种问题，能以良好的心态，面对现实，沉着冷静，积极稳妥地加以处理。

4. 人际关系和谐

一个心理健康的人，他的人际关系总的来说应该是和谐的。当他与别人相处时，总是采取信任、尊敬、赞赏和友善的态度，而不是猜疑、嫉妒、害怕和敌意。如果一个人的人际关系总是处于紧张或者冷淡状态，那么，他的心理健康可能就有问题了。

5. 安全感较强

心理健康者在自己所处的环境中有充分的安全感，而不是疑神疑鬼，过分敏感，稍有不顺心的事就感到大祸临头。

6. 正确地评价自己

心理健康的人能够正确地认识和评价自己的优缺点，能意识到自己对国家和社会的责任，能建设性地处理问题，有较强的社会适应能力，有正义感。

7. 行为表现与年龄、性别相称

人的心理和行为因年龄的长幼和性别不同而相异，这才是健康的心理。否则就可能存在心理问题，甚至心理疾病。

8. 积极参加劳动锻炼

劳动可以使人认识到自身存在的价值，使生活更有意义，并使自己感到幸福。

当然心理健康的标准不仅只有这八条，由于心理健康和不健康的界限有时并不明显，因此，要判断一个人的心理是否健康，必须把各项标准综合起来衡量。

任务 9.2 建立正确的人际交往观

案例警示：

案例一：小马（16岁）是湖北省某中职学生，是班里的班干部。她觉得班级里的有些同学总是不愿意做事，晚自习特别爱讲话，交作业又拖拖拉拉，好意提醒他们还不服管。小马平时为了班级里的纪律问题，没少和他们发生矛盾。老师找小马谈了好几次，说她不能处理好同学关系就很难胜任班干部工作，小马感觉心里很压抑，同学们都排挤她，还老是背地里悄悄谈论她。因此她常与同学发生不必要的冲突。

项目 9
心理健康

> 案例二：小刘（16岁）是某职业学校的学生，平时喜欢上网聊天交际朋友。一天，网友王某约她见面，小刘见平时和王某挺谈得来，而且王某还经常鼓励她认真学习，于是就约上同班同学到步行街与王某见面。见面后，王某发现小刘带同学来非常生气，甚至开始骂骂咧咧。小刘非常吃惊，原以为善解人意的王某不仅举止粗鲁，而且穿戴邋遢，与想象中的模样相距十万八千里。于是，小刘和同班同学赶快逃离。
>
> **案例分析：**
> 案例一中小马身为班干部，尽心尽力地完成自己的工作，帮助老师管理好班级，培养好同学们的班级集体荣誉感，这本是件好事，但是因为小马不会与同学们沟通才产生了这些不必要的冲突。
>
> 案例二中小刘喜欢上网聊天，但赴约见网友，对未成年人来说是非常危险的。不过小刘赴约带着同班同学，并且将见面地点定在步行街，发现网友动机不纯后立马离开还是非常明智的。

一个人的发展取决于和他直接以及间接进行交往的其他人的发展，而中职学生良好个性的形成离不开人际交往。现在独生子女居多，特别是很多学生从小多与长者相处，缺少伙伴，受到的迁就溺爱较多。于是部分同学在处理人际关系方面显得力不从心，甚至在人际交往中屡屡受挫。

1. 中职学生常见的人际交往障碍有哪些呢？

（1）自卑

在交往活动中，自卑心理（图9-2）表现为缺乏自信、自惭形秽，想象成功的体验少，想象失败的体验多，自卑的浅层感受是别人看不起自己，而深层的体验是自己看不起自己。当出现深层体验时，便觉得自己什么都不行，似乎所有的人都比自己强得多。因此，在交往中常感到不安，将社交圈子限制在狭小范围内。

（2）自傲

自傲与自卑的性质相反。表现为不切实际地高估自己，在他人面前盛气凌人，自以为是，过于相信自己而不相信他人，总是认为交往的对方非常愚笨，常指责、轻视、攻击别人，使交往对方感到难堪、紧张、窘迫，因而影响彼此交往。

图 9-2　自卑心理

（3）自恋

自恋心理是人的一种个性特征，在交往中是一种严重的心理障碍。有些人为人处世往往以自己的需要和兴趣为中心，只关心自己的利益得失，而不考虑别人的兴趣和利益，完全从自己的角度，从自己的经验去认识和解决问题，似乎自己的认识和态度就代表他人的认识和态度，盲目地坚持自己的意见。

（4）多疑

多疑心理是一种完全由主观推测而产生的不信任心理。表现为整天疑心重重，或是无中生有，认为人人都是虚伪的、不可信的，人人都不可交。

（5）封闭

封闭心理是指把自己的真情实感和欲望掩盖起来，过分地自我克制，除了必要的工作、学习、购物以外，大部分时间将自己关在家里，不与他人来往。自我封闭者都很孤独，没有朋友，甚至害怕社交活动，因而是一种环境不适的病态心理现象。

（6）恐惧

恐惧心理是指感到紧张、担心语无伦次。表现为神经高度紧张，内心充满害怕，脑子里一片空白，不能正确判断或控制自己的举止，变得容易冲动。一旦与陌生人在一起沟通会因害怕而忘记自己要说什么。

2. 建立良好人际关系要遵循哪些原则呢？

（1）平等原则

人都有友爱和受人尊敬的需要。在人际交往中，交往双方所处的地位必须是平等的。

（2）相容原则

为人处世要心胸开阔，宽以待人，建立融洽的人际交往关系。

（3）互利原则

人际关系要相互依存，使各自的需要得到满足。

（4）信用原则

要做到说话算数，不轻许诺言。与人交往时要热情友好，以诚相待，不卑不亢。

（5）尊重原则

自尊和尊重他人。

3. 中职学生出现这种问题应该如何解决呢？我们从以下三个方面来阐述下：

（1）建立良好的师生关系

1）尊重老师的劳动就是尊敬老师的生动体现。要做到上课认真听讲，不做与上课无关的小动作，课下按时按量地认真完成作业。

2）对老师提建议要以诚恳的态度委婉地向老师提出。即便老师批评错了也别太在意，在工作中，老师出现一些失误也在所难免。因为"金无足赤，人无完人"，老师也不可能十全十美。但作为一名学生，如果要向老师提建议，应以诚恳的态度委婉地向老师提出。

（2）学习主动交往

主动交往不仅可以使人掌握人际交往中的主动权，展现个人交往的魅力和风采，而且可以消除交往中的心理障碍，增强自信心，提高人际交往的质量和效率，要克服自卑、孤独、自傲、胆怯、怀疑等心理状态。善于主动与老师、同学交往，如见面主动问候、打招呼，来了客人主动让座、主动应答，有了疑难问题主动请教老师，别人有了困难主动伸出援助之手等。

（3）融入集体

1）处理好人际关系。想要别人怎样对你，你就要怎么样去对待别人。以诚相待，尊重他人是最基本的原则。

2）做好自己，让自己充满正能量。俗话说"积极的人像太阳，照到哪里哪里亮；消极的人像月亮，初一、十五都一样"。除此之外，还要学会控制自己的情绪，很多时候我们的情绪很容易受到周围环境的影响，时间久了我们就会很容易受环境左右，不能自已，导致很多时候我们想要做的跟自己表现出来的相差甚远。

3）要懂得沟通、敢于表达自身的看法。良好的沟通和表达能力是生活幸福、事业成功必须具备的品质。据有关统计，我们所遇到的问题超过80%是由于沟通不畅所导致。有些人唯唯诺诺，总不敢表达自己的看法，害怕说出来别人都会否定、丢面子。实际上，这也是一个过程，应当正视这个过程，不要因此而感到害怕，挫折更有助于成长。

任务 9.3 挫折教育

挫折，是指人们在有目的的活动中，遇到阻碍达到目的的障碍。心理学上指个体有目的的行为受到阻碍而产生的必然的情绪反应，会给人带来实质性的伤害，表现为失望、痛苦、沮丧、不安等。挫折易使人消极妥协。

挫折教育指引导受教育者改善认知能力，不断增强心理韧性从而辩证看待社会中的压力，正确认识挫折带来的结果，克服消极情绪，适应环境并积极面对生活的教育活动。挫折教育的实施是个体身心及社会性发展的内在要求，更是顺应社会发展的必然选择。

案例警示：

案例一：小明从小在某县城中学上学，因学校离家近，父母在家经商，所以长期走读住在家中。后因中考成绩不理想，小明在父母的开导下来到离家距离较远的某职业学校上学。新学期开始军训，天气炎热，寝室又没有空调，小明开始变得烦躁。同寝室的同学来自其他地区，陌生的一切让小明开始想家了。有一天，寝室的同学们因为天热睡不着觉，趁值班老师睡觉时，开始抽烟、喝酒、聊天。小明忍受不了与寝室同学大吵一架，并提出退学。班主任反复交流无果，小明仍坚持退学回家。

项目 9
心理健康

案例二：小李是某中等职业院校施工专业的学生，入学一年后，突然提出要退学。问其原因，小李觉得当时专业是家人帮忙选择的，学了一年发现自己根本没有入门，什么都没有学到，于是打算放弃，回家打工减轻家庭负担。班主任开导他，专业学习是一个漫长的过程，任何职业都有利弊，我们应该坚持不懈。同学们也鼓励他，希望他能够留下来继续学习。于是小李勉强答应了。在老师和同学们的帮助下，小李更加努力学习了。如今，小李就职于一家建筑公司，担任某项目经理。

案例分析：

案例一中的小明显然不适应中职学生的住读生活，他仍然怀念过去在父母身边的日子。害怕军训苦练，未能与新同学友好相处，发现同学行为出格未能采取制止措施或报告班主任。选择退学是一种逃避问题的行为。说明小明适应环境能力较差，且不会正确处理遇到的挫折。

案例二中的小李在学习过程中遇到了挫折，便选择退学。但小李能够在老师的引导下，采取多问、多练、多花时间的方式坚持学习最终取得成功。本案例说明，在人生的旅途中难免会遇到这样那样的挫折，应该听取别人友好的建议，采取积极的应对措施，困难是可以克服的。经历过挫折的人会变得更加坚强，在今后的工作、生活和学习中会有更多的应对措施。

挫折含有两层意思：一是指阻碍个体动机性活动的情况；二是指个体遭受阻碍后所引起的情绪状态。心理学中对挫折的定义是个体在从事有目的活动时，遇到障碍、干扰，并难以克服，致使个人动机不能实现、个人需要不能满足而产生的消极的情绪体验和心理状态。

中职学生的挫折通常有以下三个方面：

1. 学业挫折

由于学习上的失败或偶尔失败给学生造成的一种心理障碍。这种障碍使人备感烦恼。学习是极为复杂的活动，学习中的学业压力、同学间的竞争、考试失败、成绩陡降、老师的误解和指责都会导致学生产生心理压力，难免使其感受到或大或小的挫折，产生各种不良情绪，其中也包括成绩较好的学生偶尔失败的挫折和学习稍差学生的学习挫折。

2. 交往挫折

在人际交往中，因与别人的意见、观点不同产生矛盾而感到不适、恐慌、害怕与人接触的一种心理障碍。这种障碍使人感到不愉悦。学校是一个群体，在学习和生活中，学生总要和不同性格的同学、教师交往。中职生已经有了较强的独立意识，对事情有一定的见解，若"意气用事"，很容易产生交往挫折。例如有的同学由于消费的问题与父母闹僵，有的同学因为摩擦发生争执以致与同学关系紧张、不和。

3. 情感挫折

人的感情受到伤害或打击而产生的苦闷、抑郁，甚至不能自拔的一种心理障碍。主要包括：①来自朋友之间的情感挫折。因朋友不理自己、和朋友闹矛盾、朋友变故等造成的情感、情绪波动，产生伤心、苦恼等情绪。②来自家庭的情感挫折。因父母婚变、家长性格极端、家长处理事情的方法不当给学生带来的失落、苦闷、彷徨等情绪。

中职学生的心理机制不完善，易被挫折感控制。所以，学生在学习和生活中遇到挫折时，应在老师的引导下，以积极的心理状态去对待挫折，将挫折看作对自身的一种锻炼和考验，是对自己意志的砥砺，让自己尽快摆脱挫折，走出困境。

在现代社会生活中，由于竞争越来越激烈，人们不可避免地会遭受各种挫折。中职学生人生经验较少，心理承受能力较差，一旦遇到挫折或受到批评，若缺少理性的思考，极易产生自责、紧张、敏感、焦虑等情绪，表现出精力不集中、心情郁闷、冷漠退让、放弃追求、逃避现实、攻击别人等行为，从而影响正常的学习、生活和身心健康，甚至出现轻生行为。因此，我们应学会接受挫折、抵抗挫折，提高耐挫能力，磨炼耐挫意志，增强耐挫毅力。

项目 9
心理健康

知识拓展

挫折教育是一种旨在帮助孩子学会面对和克服困难的重要教育方式。以下是实施挫折教育时应注意的几个方面：

1. 认识和理解情绪。当孩子遇到挫折时，首先要帮助他们认识并理解自己的情绪。这包括允许他们表达自己的感受，并提供适当的安慰和支持。

2. 分析挫折的原因。在孩子情绪稳定后，与他们一起探讨挫折的原因，这样可以帮助他们理解为什么会感到沮丧或失落。

3. 教会应对策略。教会孩子如何应对挫折，包括提供解决问题的方法和心理支持，帮助他们学会从失败中学习，而不是陷入自责或沮丧。

4. 鼓励和支持。鼓励孩子重新振作起来，并在他们遇到困难时提供持续的支持和指导。

5. 建立自信心。帮助孩子建立自信，学会在顺境中保持谦逊，在逆境中保持乐观。

6. 提供实践机会。家长可以通过生活中的真实情境，让孩子在实践中学习如何应对困难，从而培养他们的抗挫折能力。

7. 尊重孩子的独立性。在婴儿期和幼儿期，家长应尊重孩子的独立性和意志力，慢慢培养他们的家庭责任感。

8. 以身作则。家长自身也应以身作则，展示如何面对和克服生活中的挑战，为孩子树立良好的榜样。

总之，挫折教育的关键在于帮助孩子学会面对挫折，并从中成长和学习，而不仅仅是简单地制造困难或施加压力。

任务 9.4 案例分析

案例一：小王是某职业学校学生，因父母常年在外打工，她自幼与奶奶生活。奶奶去世后，小王借住到远房叔叔家。寄人篱下的感觉导致她性格内向，胆小怕事，不爱说话。开学后不久，为培养学生集体主义精神、交流沟通能力以及团队合作意识，班级组织了团日活动。班主任要求以寝室为单位，每个寝室所有成员都必须参加，自编自导，分配角色，集体上台表演节目。同学们都希望通过参加活动锻炼自己，大家热情高涨，每个寝室开始积极准备节目。但小王寝室室长报告班主任说小王不愿意参加节目表演。

> **案例分析：**
>
> 小王在年幼时便与父母长期分开，奶奶去世后，长期寄居在远房叔叔家。家庭环境的不稳定使她缺乏安全感和归属感，从而带来较强的孤独感。由于缺乏感情依靠，性格内向，遇到一些麻烦事会显得柔弱无助，久而久之变得不愿与人交流。长期的寡言、沉默、焦虑和紧张，极易使小王形成孤僻、自卑、封闭的心理，导致她在人际沟通和自信心方面自然比其他同学要弱。自我封闭、性格孤僻是留守儿童常见的心理问题，小王应当正确认识自己的心理问题，鼓足勇气，参与班级活动；平时主动打电话关心父母，交流自己的想法；经常与班主任沟通，定期汇报自己的思想。

案例二：小静出生在一个偏远的农村乡镇，家里已经有4个姐妹了，但父母还想生个男孩。尽管父母整天在外打工，但家里还是一贫如洗。为了再生个弟弟，父母将小静送给了别人。小静来到养父母家里，养父母非常疼爱她，虽然年老多病，家境不好，但仍坚持让小静上学。初中毕业，小静想去城里读中职学校，但考虑到养父母年老体弱，无力承担学费和生活费，这让她犹豫不决。直到开学报到前一天，小静鼓足勇气给学校招生处打去电话，反复询问学费和生活费需要多少钱。招生处老师鼓励她，只要想读书，任何困难都是可以解决的。第二天，小静告别养父母带着简单的行李来到学校。班主任在关心小静学习的同时，委托高年级的同学带她周末到附近餐馆做服务员或到超市做促销员，还被安排到学校食堂勤工俭学。尽管能够通过兼职工作挣钱，但考虑到大专高昂的学费，小静省吃俭用，用三年周末、寒暑假时间凑齐了大专阶段的学费，还买了1台笔记本电脑。中职毕业后，小静通过努力拿到了全日制大专学历。如今，小静在一家广告公司做职员，月收入5000元以上，每月按时给家中的养父母寄生活费并定期回家看望。

项目 9
心理健康

案例分析：

　　小静从小家境贫困，被体弱多病的养父母收养后仍然没有改变贫穷的家境。但早年的挫折并没有让小静彻底绝望，虽然成绩不理想，但她渴望通过职业学校改变命运。入学后的小静在老师的引导下，自力更生，长期在业余时间担任服务员、促销员等兼职工作，坚持完成了大专学业，找到了一份满意的工作。勤奋好学、坚持不懈、勤俭节约、热爱劳动、遇到挫折不屈不挠是小静优秀的人格品质，值得我们学习。

参考文献

[1] 徐晓光，胡桂兰.职校生安全教育知识读本[M].北京：机械工业出版社，2015.

[2] 胡桂兰，徐晓光.机械工安全知识读本[M].北京：机械工业出版社，2012.

[3] 王建林.校园安全教育读本[M].北京：中国人民大学出版社，2019.

[4] 罗京红.安全教育读本[M].北京：电子工业出版社，2018.

[5] 赵仕民，洪传胜，陈小强.中职生安全教育读本[M].重庆：重庆大学出版社，2015.

[6] 胡德刚，周惠娟，谭世杰.中职生安全教育[M].北京：清华大学出版社，2016.

[7] 王晓全，刘芳英，王新颖，等.中职生安全教育读本[M].北京：中国人民大学出版社，2020.

[8] 刘世峰，贾书堂.中职生安全教育读本[M].北京：中国人民大学出版社，2015.

[9] 凌志杰，江彩.安全教育读本[M].北京：人民邮电出版社，2013.

[10] 孙柏枫，刘佳男.大学生安全教育[M].北京：高等教育出版社，2008.

[11] 李峥嵘.大学生安全知识读本[M].西安：西安交通大学出版社，2007.

[12] 吴超，王秉.大学生安全文化[M].北京：机械工业出版社，2005.

[13] 陈沅江，吴超，吴桂香.职业卫生与防护[M].北京：机械工业出版社，2017.

[14] 李孜军，吴超.企业安全管理知识问答[M].北京：中国劳动社会保障出版社，2004.

[15] 童瑞.学生安全教育手册[M].北京：北京大学出版社，2001.

[16] 唐昊坤.大学生教学实习协议研究[D].重庆：西南大学，2013.

[17] 朱琳.大学生实习期间法律身份研究[D].北京：中国政法大学，2011.